本书获湖北工业大学马克思主义学院优秀学术专著出版经费资助

湖北省社科基金后期资助项目成果

中国社会的个体化变迁与社会治理研究

姚晓强 著

中国财经出版传媒集团

经济科学出版社

Economic Science Press

图书在版编目（CIP）数据

中国社会的个体化变迁与社会治理研究/姚晓强著
. --北京：经济科学出版社，2023.7
ISBN 978 - 7 - 5218 - 4725 - 3

Ⅰ.①中…　Ⅱ.①姚…　Ⅲ.①个人社会学 - 研究 - 中国②社会管理 - 研究 - 中国　Ⅳ.①C912.1②D63

中国国家版本馆 CIP 数据核字（2023）第 070459 号

责任编辑：周国强
责任校对：王京宁
责任印制：张佳裕

中国社会的个体化变迁与社会治理研究

姚晓强　著

经济科学出版社出版、发行　新华书店经销
社址：北京市海淀区阜成路甲 28 号　邮编：100142
总编部电话：010 - 88191217　发行部电话：010 - 88191522
网址：www. esp. com. cn
电子邮箱：esp@ esp. com. cn
天猫网店：经济科学出版社旗舰店
网址：http：//jjkxcbs. tmall. com
北京中科印刷有限公司印装
710×1000　16 开　11.75 印张　180000 字
2023 年 7 月第 1 版　2023 年 7 月第 1 次印刷
ISBN 978 - 7 - 5218 - 4725 - 3　定价：72.00 元
（图书出现印装问题，本社负责调换。电话：010 - 88191545）
（版权所有　侵权必究　打击盗版　举报热线：010 - 88191661
QQ：2242791300　营销中心电话：010 - 88191537
电子邮箱：dbts@ esp. com. cn）

前　　言

　　社会治理一直是社会科学研究的重要议题。党的十八届三中全会将治理问题上升到国家战略目标的高度，明确提出把推进国家治理体系和治理能力现代化作为全面深化改革的总目标。众多学者围绕社会治理主题展开了广泛而深入的研究。基于不同学科、不同角度，围绕国家、社会、个人之间的互动关系，聚焦于社会治理的理念、主体、内容、模式和评估，从理论和实践层面对社会治理问题展开了广泛研究，取得了丰硕的成果。但从个人与社会结构关系的个体化视角来展开对社会治理问题的研究还较为缺乏。

　　新中国成立以来，随着社会转型和各项改革的深入推进，国家权力逐步向社会回归。社会获得了广阔的自主空间，社会成员的个体性得到发展，在社会实践中拥有了更多权利和自由选择。

个人不断从家庭、邻里等既有的社会结构中脱离出来，以血缘和地域为基础的共同体逐渐松弛，个人与社会日益疏离，个人和社会结构之间的关系发生了新的变化：社会的个体化。社会个体化的持续推进，导致社会流动和社会分化加速，个体不断从家庭、熟悉的地域共同体、传统文化等既有社会结构的束缚中抽离出来。但在失去家庭、单位、集体的庇护之后，个体需要独自面对个体化社会中的风险、不确定性和不安全因素，社会风险不断向孤立、孤独的个体沉淀。个体化社会的这些新特征对社会治理提出了新的挑战。

作为对这些挑战的回应，本书运用历史制度主义的方法，从社会个体化的维度来研究中国社会的治理问题。本书分别把制度作为自变量和因变量，以家庭政策的变革、户籍制度的改革和消费主义的兴起三个关键节点为逻辑线索，考察中国社会个体化的具体发生过程，分析社会个体化引发的社会治理新问题，并就如何化解这些治理新问题以实现社会的良善治理进行探讨。本书共分为四部分：

第一章是理论部分。现代性的发展是社会个体化产生的理论背景。现代性在启蒙运动以来对理性的追求和运用的基础上发展而来，其本身也在不断发展变化。现代性在其发展过程中，通过扬弃线性的、简单的"第一现代性"而发展出了自我批判的"第二现代性"。在现代性对传统的解构和第二现代性对现代性自身的解构过程中，社会成员与过去和传统之间的关系发生了变化，个人不断从既有的社会结构中脱离出来，社会个体化得以逐步发生。"脱嵌""去魅"和"再嵌入"是社会个体化的三个维度，风险与不确定性则是社会个体化的基本特征。

第二、三、四章为第二部分，主要是对中国社会个体化变迁历史进程的研究和分析。家庭政策的变革是影响中国社会个体化进程的第一个关键节点。以家庭政策的变迁为诱因，传统家庭在现代化转型的过程中发生了巨大的变革。在这一转型过程中，个体也得以从传统家庭权力结构的束缚中脱离出来，即个体的"脱嵌"：个体从纵向的父子轴线和横向的夫妻轴线结构束缚的脱离，以及与这一过程相伴随的个体家庭价值观念的变化。户籍制度的改革是影响中国社会个体化进程的第二个关键节点。国家通过户籍制度改革，从制度上赋予个体以社会流动的合法性。个人不断地脱离家庭、邻里、职业等熟悉的地域共同体，走向一个具有更多自由选择和不确定性的社会环境。中国社会的个体化在这一节点主要表现为个体在社会流动的过程中，不断地从"大家庭庇护"和固化的社会分层结构的脱离。消费主义的兴起是影响中国社会个体化进程的第三个关键节点。消费主义的兴起解构了传统的消费文化，建构出作为"个人自由"象征符号的消费空间，增强了个体的权利意识，逐渐形成一种新的社会分化机制，引发了中国社会价值观念层面的个体化。

第五章为第三部分，阐述了中国社会个体化的新特征及其引发的社会治理新问题。社会个体化的进程改变了个人与社会的关系，引发了社会结构的巨大变化。个体不断从家庭、熟悉的地域共同体、传统文化等既有社会结构的束缚中抽离出来，获得了更多的个人空间和自主权。但个体同样需要独自面对个体化社会中的风险、不确定性和不安全因素。个体化社会的这些新特征对社会治理提出了新的挑战：碎片化、高风险性和不确定性成为个体化中国社会的新特征，既有的社会认同与整合机制、社会治理的确定性思维与控制逻辑失效，中国社会的治理同时面临着重塑个体性和公共性的双重挑战。

第六章为第四部分，探讨了个体化中国社会治理危机的应对策略。个体化中国社会的治理危机主要源于社会个体化的进程中，社会成员虽然经历了行为模式上的"脱嵌""脱域"和价值观念的"去魅"，却未能很好地"再嵌入"新的社会结构。要化解社会个体化的治理新问题，国家要重塑社会保护机制，建构起整个社会的风险防御体系。社会组织要充分发挥作用，锻炼个体的责任意识、参与意识和公共精神，实现新的社会团结。个人只有重新融入共同体，在共同生活中加强与国家、社会的纽带联系，才能更好地化解认同危机，抵御社会风险。

在中国社会个体化的进程中，社会成员行为的每一次"脱嵌"都伴随着价值观念的"去魅"和对新社会结构的"再嵌入",三者同时展开,只是程度上存在差异。由于国家主导下的制度变迁成为社会个体化的直接推动力,中国社会个体化的方式主要表现为从国家到市场、社会的单向推动,公共性的缺失成为个体化中国社会治理面临的主要问题。只有让个人尽可能多地参加公共事务治理的实践,在公共领域中协商合作,才能在促进个体性生长的同时培育公共性,实现社会的良善治理。

目 录

第一章

社会个体化及其历史制度
主义的研究视域

第一节　西方语境下的社会个体化

个人与社会的关系一直是社会科学研究关注的重要而久远的议题，但社会个体化却是一个新近出现的概念。个体化的概念与个体解放、个人权利和自由的保护与发展密切相关。虽然从古典自由主义到新自由主义都主张个体权利和自由，个体的解放也被视为西方现代化进程的内在部分，但是个体化理论关注的是个体解放与个体对社会结构和制度的依赖关系二者之间的复杂张力。因此，"'个体化'并不是20世纪下半叶才出现或被创造的现象。类似的'个体化'的生活方式和生活处境早已随处可见"①。但把社会个体化作为一种理论和一项命题的研究，始于贝克对现代性的关注。现代性的发展是社会个体化产生的理论背景。正是现代性在发展过程中对传统和现代性自身的解构，改变了个人与社会的关系，引发了社会的个体化。

一、现代性及其后果：社会个体化的理论背景

现代性是在启蒙运动以来对理性的追求和运用的基础上发展而来，其本身也在不断发展变化。现代性在发展进程中，通过扬弃线性的、简单的"第一现代性"而发展出了自我批判的"第二现代性"（自反现代性）。在现代性对传统的解构和第二现代性对现代性自身的解构过程中，社会成员与过去和传统之间的关系发生了变化，个人不断从既有的社会结构中脱离出来，社会变得更加个体化。

（一）现代性的含义与特征

现代性是一个时间范围涵括很广的概念。正如马泰·卡林内斯库所说，"要精确地标明一个概念出现的时间总是很困难的，而当要考察的概念在其整个历史中都像'现代性'一样富有争议和错综复杂时就更是如此"②。"现代"一词的词源最早出现在拉丁文中的"modernus"，被用来描述任何同当前有着明确关系的事物。现代性在广义上还意味着成为现代，启蒙运动是现代性的源头。康德在回答"什么是启蒙"时指出，"启蒙就是人类脱离自我招致的不成熟。不成熟就是不经别人的引导就不能运用自己的理智。……要

---

① ［德］乌尔里希·贝克：《风险社会：新的现代性之路》，何博闻译，译林出版社2022年版，第146页。
② ［美］马泰·卡林内斯库：《现代性的五副面孔：现代主义、先锋派、颓废、媚俗艺术、后现代主义》，顾爱彬、李瑞华译，商务印书馆2002年版，第18页。

有勇气运用你自己的理智，这就是启蒙的座右铭"①。马克思、涂尔干、韦伯等古典现代性理论的代表作家先后对现代性进行了论述。马克思认为现代性是伴随着资本主义生产方式的出现而产生，其发展的动力源自对剩余价值和资本积累的追求。对既有社会结构和观念的解构是现代性的最大特征，"一切固定的僵化的关系以及与之相适应的素被尊崇的观念和见解都被消除了，一切新形成的关系等不到固定下来就陈旧了。一切等级的和固定的东西都烟消云散了，一切神圣的东西都被亵渎了"②。涂尔干从社会分工的角度，用"机械团结"到"有机团结"的转变来描述西欧传统社会向现代社会转型的现代化过程。韦伯则从精神文化的层面探讨了资本主义的起源，指出资本主义现代性的发展实际上是理性化的结果。韦伯还区分了价值理性、工具理性等不同类型的理性，从宗教文化的角度解释了理性以及理性的官僚组织在西方国家兴起的原因。

吉登斯在继承古典现代性理论的基础上，继续展开对现代性理论的研究，详细阐释了现代性的四个基本的制度性维度：资本主义、工业主义、监控和军事力量。吉登斯把资本主义视为"一个商品生产的体系，它以对资本的私人占有和无产者的雇佣劳动之间的关系为中心，这种关系构成了阶级体系的主轴线"③。工业主义的主要特征是在商品生产过程中对物质世界非生命资源的利用，这种利用体现了生产过程中机械化的关键作用。监督是对信息的控制，军事力量则是暴力手段的垄断，二者一起成为现代性秩序的基础。鲍曼同样把秩序视为现代性的特征，认为秩序是现代性为自己设定的不可能完成的任务之一。现代文明努力建立秩序的方式，是"把受到外部世界影响的'快乐原则'改变成更加适中的'现实原则'。简而言之，'现实原则'意味

---

① ［美］詹姆斯·斯密特编：《启蒙运动与现代性：18 世纪与 20 世纪的对话》，徐向东等译，上海人民出版社 2005 年版，第 61 页。

② 《共产党宣言》，人民出版社 1997 年版，第 30～31 页。

③ ［英］安东尼·吉登斯：《现代性的后果》，田禾译，译林出版社 2011 年版，第 49 页。

着把'我想要'简化为'我能够'"①。对现代性而言，自由意味着已知和已经理解的必然性。

现代性有三种主要的动力机制，吉登斯称之为"时空分离"、"社会制度的脱域机制"和"现代性的反思性"。②这三种动力机制决定了现代性所具有的区别于前现代性的特点。在前现代时期，时间总是不精确和变化不定的，且必须参照其他的空间标准，因此时间和地点总是联系在一起。现代性的降临改变了这种关系：通过对"缺场"要素的孕育，如机械钟的发明和通信技术的发展，现代性日益把空间从具体地点分离出来。空间还被时间"虚空化"，时间不再与空间相连，成为一种统一的象征性符号，这就是吉登斯所指称的"时空分离"机制。"时空分离"机制对人类社会事务产生了巨大的影响。个体或群体行为"何时发生"与"何处发生"直接相连，而无须如前现代时期那样必须经过具体位置的中介。这意味着在物理层面上彼此分开的个体或群体行为可以被精确协调，社会的统一组织和管理变得可能。"社会制度的脱域机制"则是指社会关系从彼此互动的地域关联和本土情景中脱离出来，并在无限的时空轨迹中再形成的过程。它包括作为相互交流媒介、用以传播信息的象征标识和由技术成就与专业队伍组成的专家体系。象征标识具备标准价值，在多元场景中其指代意义可相互替换，使得互动摆脱了场所和地域的特殊性限制。专家体系发挥其提供权威与合法性的功能。现代性的第三个动力机制是"现代性的反思性"。在前现代社会，过去、符号极具价值，受到特别尊崇。因为传统所体现的不仅是一个社会做了什么，更重要的是体现了这个社会"应当"做什么。然而随着现代性的出现，反思具有了不同的特征和意义。"仅仅因为一种实践具有传统的性质就认可它是不够的。

---

① ［英］齐格蒙特·鲍曼：《个体化社会》，范祥涛译，上海三联书店2002年版，第74页。

② ［英］安东尼·吉登斯：《现代性与自我认同：晚期现代中的自我与社会》，夏璐译，中国人民大学出版社2016年版，第16～20页。

传统，只有用并非以传统证实的知识来说明的时候，才能够被证明是合理的。"① 反思性不断怀疑和批判传统，定期把新的知识应用于社会生活，并在怀疑和批判的过程中成为社会生活组成和转型的建构性要素。

对马克思来说，现代性是资本主义扩张的同名词；对涂尔干来说，现代性是指被机械化改变了的工业世界；对韦伯来说，它是理性官僚制度下组织起来的社会；对吉登斯来说，现代性是指一种具有世界和历史影响的制度及行为模式。总之，论述现代性的方式有很多种，但通过以上论述我们可以发现现代性的主要内涵：世俗化、理性化以及对规律、确定性和秩序的追求。在认识论上，现代性表现为基础主义、本质主义和主客二分的思维方式。

(二) 现代性发展的后果

现代性不是静止的，自身也在不断变化发展。在这个过程中，由于其自身动力机制的发展而导致了一系列的困境。正如鲍曼所说："现代性融化了一切固体，把一切神圣的东西拉下神坛，而后便进入希望与能力之间永远失调的时代。"② 现代性所遭遇的困境与其动力机制密切相关，主要表现在以下三个方面：

一是统一与破碎的两难困境。现代性的时空分离机制一方面使得统一协调成为可能。但与此同时，正是由于时间与空间的分离，个人既可以跨越空间，也可以在相同时间卷入不同的空间场景中。每一种具体的场景都会对个体有不同的行为规范要求。这意味着个体面临多少个互动场景，就会有多少种自我，个体"破碎"化为多个部分。二是无力与获取的两难困境。由于各种专家知识和专业体系的不断出现，个体对自身生活环境的掌控让渡于机器和市场的支配性影响。面对庞大复杂的社会，每个人都只是巨大集合中的一

① [英] 安东尼·吉登斯：《现代性的后果》，田禾译，译林出版社 2011 年版，第 33 页。
② [英] 齐格蒙特·鲍曼：《个体化社会》，范祥涛译，上海三联书店 2002 年版，第 63 页。

个原子。现代社会体系的发展程度越深，个体的被剥夺感和无力感就越强烈。与此同时，在脱域与重构的过程中，许多机会又使得人们重新获得对生活情境的控制成为可能。三是权威与不确定性的两难困境。现代性的象征标识和专家系统的有效运转本身就是一个生产权威的过程，留存的传统也是权威的来源。然而现代性的反思性对传统的破除和对专家系统的质疑，又是一个不断消解权威的过程。正如吉登斯所说："除了以强力批准和认可的权威（如国家权威和法律权威）以外，其余权威皆基本等同于专家建议。……换言之，现代体系中的每个人在社会生活的所有方面都是一个外行。"① 现代性发展的过程中，社会生活的诸多面向都不再具有决定性的权威，然而人们却又同时面临着对权威的需求和在众多权威之间进行自由选择的问题，大大增加了不确定性。

对于现代性的变化发展及其遭遇困境的认识，即现代性的后果，有三种代表性的观点：吉登斯的"晚期现代性"、鲍曼的"流动的现代性"、贝克的"自反现代性"。晚期现代性是指"现代制度发展的当前时刻，特征是现代性基本特质的极致化和全球化"②。对于现代性的变化发展导致的问题，吉登斯视之为其基本特征极端发展的后果，提出了以"新型混合经济、福利国家的改革、社会团结的修复和世界主义国家"为措施的第三条道路的应对策略。鲍曼同样把现代性的变化发展视为仍在现代性的框架之内，用流动的现代性（后现代性）来解释现代性在不同阶段的特征，指出现代性的发展导致了权力运作方式、资本与劳动的关系以及社会主导生活方式的变化。在权力运作方式上，权威被榜样所替代。权威的世界是精英和导师的世界：精英比常人理解更多，导师则能告诉你如何做得更好。榜样的世界并不意味着权威的消

---

① ［英］安东尼·吉登斯：《现代性与自我认同：晚期现代中的自我与社会》，夏璐译，中国人民大学出版社 2016 年版，第 183 页。

② ［英］安东尼·吉登斯：《现代性与自我认同：晚期现代中的自我与社会》，夏璐译，中国人民大学出版社 2016 年版，第 217 页。

失，而是容许多个权威的同时存在，权威不再发号施令，他们只是一味去迎合做出选择的人，并说服他们。在资本与劳动的关系方面，二者经历了一个从结合到分离的过程。在流动的现代性中，"仅仅通过一个只包括公文包、移动电话和笔记本电脑的行李箱，资本就能轻松地传动。而劳动，已经一劳永逸地失去了它过时的固定性"①。在社会主导的生活方式方面，现代性的固态时期不欢迎流动的游牧习俗，没有固定住址的人意味着被排除在法律保护的共同体之外。在现代性的流动时期，占据多数的定居人口则为游牧的和疆域外的精英所统治。鲍曼指出，现代性的流动时期是一个道德模糊性的时代，所有人都被抛入一种不确定状态，道德危机是流动的现代社会的主要困境。自主与道德的自立、自治的公民与自我反思三者的结合则是危机的应对方式。

对于现代性所遭遇的这些变化与困境，贝克认为，需要从两个阶段区别对待。第一阶段，现代性所面临的困境被系统地制造出来，但它们还没有成为公共讨论的主题或政治冲突的中心。这一阶段仍然由工业社会的同一性所驾驭，它强化了已作出的决策所带来的危险，并使之"合法化"，控制在可接受的范围之内。如果现代化被理解为一个革新的过程，那么必须接受的是现代性本身也在老化。当现代性所面临的危险支配了公共、政治和私人的讨论时，则进入了"第二现代性"，它意味着现代性的自我消解，贝克称之为"自反性现代性"。随着现代化进程的不断深入，工业社会的基础进一步被消解和改变。因此，"自反性现代性"不是关于危机的理论，也不是关于衰落的理论，而是关于现代化进程本身所导致的工业社会意外的、潜在的抽离和再嵌入理论。在传统社会里，知识是表述性的；在现代性中，知识是指涉性的；自反性现代性的特点则是试验性的。

---

① ［英］齐格蒙特·鲍曼：《流动的现代性》，欧阳景根译，上海三联书店2000年版，第98页。

二、脱嵌、去魅与再嵌入：社会个体化的理论内涵

正如贝克所说，"'个体化'是一个意义重大、易遭误解的概念，它甚至可能代表着某种缺乏理解的状况。但这个概念确实指向了某些重要内容"①。社会个体化是指由现代性的发展变化所导致的，个体不断脱离一般意义上的文化传统和诸如家庭、亲属关系、社群、阶层等既有社会结构的束缚，继而重新嵌入新社会结构的社会变迁过程。脱嵌、去魅和再嵌入是社会个体化的三个维度，风险与不确定性则是社会个体化的基本特征。

（一）社会个体化的含义

把社会个体化作为一种理论和一项命题的研究，始于贝克。贝克把个体化视为一种新的社会模式，文化民主、福利国家和古典自由主义是社会个体化进程的基本前提。去传统化、个体的制度化抽离和再嵌入、被迫追寻"为自己而活"、系统风险的生平内在化是社会个体化进程的四个基本特征。贝克还区分了社会个体化的两种形式：制度化的个体化和主观个体化。制度化的个体化是指公民的政治权利、社会基本权利的增长和自由主义经济的发展。主观的个体化则是关于个体意识、价值取向方面的自主和自决。鲍曼从个体解放的角度界定个体化，"即从归属于自己、通过遗传获得、与生俱来的社会属性等确定性中解放出来。这种变化被视为个体化境况中最明显和最有潜势的特征。换言之，'个体分化'在于将人的'个性特征'从'给定的'转变为一种'任务'"②。吉登斯反对从个体性、自我等一般概念上讨论个体化，

---

① ［德］乌尔里希·贝克：《风险社会：新的现代性之路》，何博闻译，译林出版社 2022 年版，第 145 页。

② ［英］齐格蒙特·鲍曼：《个体化社会》，范祥涛译，上海三联书店 2002 年版，第 181 ～ 182 页。

指出应该对社会个体化进行详细的分解。吉登斯认为，在社会个体化的进程中，"我们不是我们现在的样子，而是我们对自己进行塑造的结果。"① 埃利亚斯从集体和个人关系的视角对社会个体化的进程进行了探讨，指出在早期较为严密和相对封闭的集体中，由于他人的始终在场性，集体能为个体提供归属感并规范其行为。社会个体化的进程则打破了既存的个人与集体之间的关系，从"我"的视角来思想和展开行动。"个人在众多的可能性中给自己做出选择，这已成为一种必然，而且这种必然从一开始就变成了习惯，变成了一种需要和理想"②。

综合社会个体化理论产生的背景和众多研究关于理论本身的探讨，我们可以把社会个体化概括为：由现代性的发展变化所导致的，个体不断从一般意义上的文化传统和诸如家庭、亲属关系、社群、阶层等既有社会结构的束缚中脱离出来，继而重新嵌入新社会结构的社会变迁过程。

需要注意的是，社会个体化不等于个人化或个人主义。虽然二者都包含个人的权利、自由等内容，都强调个人脱离权威的控制和束缚，但二者有着显著区别。在实现方式上，个人化或个人主义的进程取决于个人的努力争取和法律制度的保障，是一种积极意义上的个人态度和偏好，重点在"作为个体"，强调自我的价值合法性与正当性。社会个体化的进程更大程度上体现为国家转型和制度变迁下的宏观社会现象，个体没有选择的权利，只有接受的命运，是一种消极意义上的被动行为。社会个体化的重点在"成为个体"，强调国家转型与制度变迁条件下个人的实际生活境况。二者关注的中心议题也不一样。个人化或个人主义是与集体主义相对应的概念，关注的是个人与集体之间的关系、"权责利"界限的划分。社会的个体化是与结构化相对应

---

① ［英］安东尼·吉登斯：《现代性与自我认同：晚期现代中的自我与社会》，夏璐译，中国人民大学出版社 2016 年版，第 71 页。

② ［德］诺贝特·埃利亚斯：《个体的社会》，翟三江、陆兴华译，译林出版社 2008 年版，第 133 页。

的概念，反映的是个人与社会、国家之间关系的变化。虽然社会、国家也是集体的一种形式，但社会个体化并不重点关注相互之间权责利界限，而是关注个体所脱离的社会结构是什么，促使个人脱离的条件和动力是什么，脱离后个人如何重新嵌入新的社会结构以实现团结等。

（二）社会个体化的三个维度

社会个体化有三重维度：脱嵌、去魅和再嵌入。脱嵌维度是指个体行为层面从社会结构的抽离。去魅维度关注传统安全感和归属感丧失后个体精神和文化层面与传统的脱嵌。再嵌入的维度是指脱嵌后的个体如何重新与社会、国家之间建立联结从而实现新的社会团结和秩序。在社会个体化的每一个阶段，都同时包含脱嵌、去魅、再嵌入的三个维度，区别在于三个维度的侧重程度不一样。

一是脱嵌的维度，即个体从历史地规定的、在统治和支持的传统语境意义上的社会形式和义务中脱离。社会个体化意味着既有的、传统的社会形式和义务（诸如阶层、社会地位、性别关系等）的消解。简单地理解，个体化脱嵌的维度就是指"传统力量的弱化，个人更多决定自己的行为并为此证明自身行动的合理性"[①]。需要注意的是，个体的脱嵌不等于无拘无束，随心所欲。任何一个社会发展阶段，个体的生活都会被限定在一些类制度、规范和网络中。甚至为了应对个体化社会中的风险与不确定性，个体必须主动适应社会竞争的条件才能求得生存，人们被迫追求"为自己而活"，缺乏真正的个性。另外，个体脱离传统并不意味着传统不再发挥任何作用。在个体化的社会中，传统仍然发挥着巨大作用，只不过传统必须被重新选择、重新发明，并且通过个体的经验验证其合法性与合理性才能起作用。

二是去魅的维度，即个体与实践知识、信仰和指导规则相关的传统安全

---

① 杨君：《回溯与批判：个体化理论的逻辑考察》，载《中南大学学报（社会科学版）》2020 年第 3 期，第 150 页。

感的丧失。这种安全感的丧失来自个体自由选择带来的风险和不确定性。贝克称之为"为自己而活"的人生或自我文化。社会个体化进程中,"那些曾经属于上帝的东西或者自然事先给定的东西,如今转变成了种种问题和抉择,体现于私人生活的行为中。……上帝、自然和社会系统正在以或急或缓的步伐被困惑、彷徨、无助、茫然的个体逐步取代"①。过去的经验无法为现在提供参照,传统社会形式的解体、专家系统权威的消解等多种不确定性带来个体安全感的丧失。自我文化是伴随社会个体化进程而产生的现象,是社会个体化进程在价值观念上的体现。自我文化不再用阶层来进行社会区分,取而代之的是一种"为自己而活"的价值观文化。在自我文化生长的社会中,个体关于道德和责任的全新想象正在逐步形成和发展,人们对忠诚、贫困、婚姻等固有观念有了全新的理解。

三是再嵌入的维度,即个体如何重新与社会建立起联结,履行新形式的社会义务以求得个体安全与社会团结。高度个体化的社会是否有整合的必要和可能?事实上,只有由个体构成的社会组织的要求和作为个人的个体自身的要求之间达到某种平衡,社会才能向前发展。社会的个体化也并非人们脑海中的刻板印象,认为会培育一个自我中心的社会。个体同样有再嵌入共同体的强烈需求,因此个体化也存在朝向"利他个人主义"发展的迹象,具有实现团结与秩序的可能。具体路径包括通过价值实现整合、通过物质利益实现整合、通过国族意识实现整合等。只有正确认识和看待社会的个体化现象,正视社会个体化带来的后果,才能找出解决问题的有效举措。

(三)社会个体化的特征

社会个体化的进程是在现代性对传统的解构和第二现代性对现代性本身进行解构的历史背景下发生的。整个社会变得更加世俗化和多元化,再也没

①[德]乌尔里希·贝克、伊丽莎白·贝克-格恩斯海姆:《个体化》,李荣山、范譞、张惠强译,北京大学出版社2011年版,第9页。

有可用于宏大叙事的历史与具有普遍逻辑和客观真理的科学，小型叙事、差异、边缘化取代了元叙事、同一性、中心化，个人从既有的社会结构和价值观念中抽离出来的直接结果，就是独自面对个体化社会中充满不确定性的风险场景。

贝克把个体化社会中的风险界定为系统地处理现代化自身引致的危险和不安全的方式，具体包括以下几个方面的要素：风险表述的是一种不再信任却又还未毁坏的现实状况；根据过去的经验决定现在的逻辑发生了改变，一种具有威胁性的未来变成了影响当前行为的参数；风险既是事实的声明也是价值的声明，与文化相联系，暗含"我们想怎样生活"的逻辑；在人为的不确定中对控制和控制匮乏的表达；知识和无知同时成为风险的来源；个体化社会简化了诸如世界与地区的二元对立，因为它可能同时是地方性和全球性的；由知识导致的潜在风险和有症状的风险之间有着巨大的差异；自然和文化的差异被风险消除，它们成为人造的混合物。① 在贝克的论断中，个体化社会中的风险是指一种特定的政治、经济、文化和社会的情景，它要求当前的社会结构、社会制度和联系向一种包含更多复杂性、偶然性和断裂性的形态转变。存在于传统社会的风险被第一现代性控制，变成了可以计算的风险，这种对风险的控制属于理性行动和科学确定性的范畴。而个体化社会中的风险则把我们带出了理性与科学的范围。与第一现代性相比，个体化社会中的风险（诸如核武器的、化学的、基因工程的风险等）既不能以时间和空间对其进行限制，也不能按照因果关系进行归责，甚至难以被保险或赔偿。因此，人们不得不面临更多的不确定性、偶然性、复杂性、断裂性与混乱性。

埃利亚斯区分了个体化社会风险与传统社会风险的区别，指出传统社会和现代社会都存在风险，不同的是传统社会由于选择少，个人根据惯例和历史经验行事，几乎不存在做决断的风险。个体化社会的风险更多来源于个人

---

① ［德］乌尔里希·贝克：《风险社会：新的现代性之路》，何博闻译，译林出版社 2022 年版，第 6~32 页。

自我选择导致的后果，这种自我选择"与其说是出于在众多他者之中的一种较为自由的选择，不如说这是最终分摊到他个人身上的选择"①。吉登斯则区分了个体化社会中风险的两种变化：一是风险的客观分配发生了变化——风险变得无可逃避地影响到每一个人。二是风险观念的变化——风险知晓的范围不再局限于拥有专业知识的专家，风险意识均匀地分布于普通大众。拉什从文化分析的角度，指出风险是一种心理认知的结果，不同背景的群体对风险有着不同的认知和理解，因而个体化社会中的风险更多地表现为一种文化现象。"风险'文化'并没有假定一个决定性的秩序，而是假定一种反思性的或非决定性的无序状态。……风险文化更多的是基于审美反思性而非认知反思性。"② 鲍曼把社会个体化视为一件"复杂的幸事"，认为社会个体化带来了个体的解放和自由。但由于事物不会保持永久的状态，既有可遵循的规范和可借鉴的经验都失效了，对未来的不可预见性孕育着忧虑和恐惧，还可能导致"一种与对周围其他人的意图和动机不确定的状态相连的无法决断的永久痛苦"③。

第二节　中国语境下的社会个体化

中国在现代化建设、改革和发展的过程中，个人与社会的关系也随之发生了深刻的变化。但值得思考的是，中国是否像西方社会一样，正在经历一种个体化的进程？答案是肯定的，"个体化就其本质而言是对新的社会生活之道和社会生活形式敞开的，后者既非欧洲个体化模式的重演，也不是这种

---

① ［德］诺贝特·埃利亚斯：《个体的社会》，翟三江、陆兴华译，译林出版社 2008 年版，第146 页。

② ［英］芭芭拉·亚当、乌尔里希·贝克、约斯特·房：《风险社会及其超越：社会理论的关键议题》，赵延东、马缨等译，北京出版社 2005 年版，第68 页。

③ ［英］齐格蒙特·鲍曼：《流动的现代性》，欧阳景根译，上海三联书店 2000 年版，第30 页。

模式的延伸。更确切地说，个体化进程的多维性必须摆脱民族的、欧洲的视角之束缚，这种视角把自身当作革新的中心"①。社会个体化理论关注的是个人—社会—国家三者之间的结构性转变，这正好为理解中国社会变迁提供了一个新的理论视角。但是由于中西之间存在着制度、历史和文化方面的差异，中国社会的个体化呈现出特殊的逻辑：制度变迁成为影响中国社会个体化的主要因素。

一、社会个体化进程的中西差异

中国与西方国家都被卷入了个体化的进程。但是在社会个体化的演进历程中，中西之间表现出巨大的差异。这些差异主要体现在个人与社会的关系、福利保障体系和社会发展程度三个方面。

在个人与社会的关系层面，中国与西方国家有着明显差异。这种差异主要体现为在社会个体化的进程中，是先有"个体"还是先完成"个体化"这一进程。西方社会经启蒙运动以来，个人主义发展一直比较成熟。在社会开始个体化之前，社会成员早已经是具有明确权利义务的单个的个人。个人与团体、社会之间的关系，公与私之间的关系已经比较明确。因而在社会个体化的进程中，个人的脱嵌表现得更加彻底。中国历史上相对缺乏个人主义的传统，更多地表现为一种集体主义。费孝通用"差序格局"来形容传统中国社会中个人与集体的关系："每个人都是他社会影响所推出去的圈子的中心。被圈子的波纹所推及的就发生联系。每个人在某一时间某一地点所动用的圈子是不一定相同的。"② 差序格局这种由里往外发生联系的形式，从外向内看都是一个圈，个人与群体边界十分模糊。中国社会的个体化是在个人还没有

---

① ［德］乌尔里希·贝克、伊丽莎白·贝克－格恩斯海姆：《个体化》，李荣山、范譞、张惠强译，北京大学出版社 2011 年版，第 6 页。

② 费孝通：《乡土中国》，北京大学出版社 2012 年版，第 42 页。

成为独立个体，还处于对家庭、亲属等各种形式集体庇护的背景下发生的。整个社会在转型的过程中先展开了个体化的进程，个人在社会个体化的演进过程中才逐渐成为独立自主的个体。因此，中国与西方社会在个体化的演进历程中虽然都经历了个体不断从既有的传统与束缚中脱离出来的过程，但个体从社会结构脱嵌后面临的社会场景则完全不一样。

福利国家保障的完备程度是中国与西方国家社会个体化进程的第二大差异。西方国家社会个体化的进程是以"福利国家所保护的劳动市场的普遍化"为基础的。在社会个体化的进程中，福利国家的制度已经比较完善。福利国家为个体提供教育、医疗保障、就业和失业津贴支持等公共产品。由于受到福利国家制度的保障，西方国家的个人在就业和生活中并不刻意追求安全稳定，更倾向于按照自己的兴趣而不断流动。脱嵌于既有的社会结构在相当大程度上成为个人自由选择的结果，是个人的选择导致了既有社会结构解体的风险而不是相反。因此福利制度的健全是西方社会个体化进程的前提条件。与西方国家不同，中国社会的个体化是在国家主导下的制度改革中逐渐发生的，整个社会配套的福利制度还不十分健全。中国自从改革开放以来，不断推进社会体制改革，在给政府、企业和个人松绑的同时，住房、医疗和教育等也一并回归了市场。由于经济发展水平等原因，国家还没有建立起一整套完善的社会福利保障体系。脱嵌后的个体为了求得生存，选择远离家庭，离开自己熟悉的地域，到一个充满风险和不确定性的陌生社会去拼搏，在这一过程中必然表现出对家庭、亲属等传统共同体的强烈依赖。

社会发展程度的不同，是中国与西方国家社会个体化进程的第三大差异。西方国家社会个体化的进程是在现代性充分发展的基础上展开的。在更长的时间跨度中，西方国家做好了社会转型的充分准备，因而其社会个体化更多地体现了社会的自发作用。中国社会个体化的进程中，由于地域经济发展的差异，再加上中国用几十年的时间走完了西方国家上百年的发展历程，整个社会的发展同时呈现出前现代、现代和后现代的特征。中国还在努力实现现代化，中国的现代化"基本上是中国寻求新的文明秩序的一个过程。……中国建构新的现代文明秩序的过程，一方面，应该不止是拥抱西方启蒙的价值，也应该是对它的批判。另一方面，应该不止是中国旧的传统文明秩序解构，也应该是它的重构"①。在社会个体化的进程中，面对现代化进程不一的广大疆域，中国社会治理将要面对和处理更多的挑战。

二、影响中国社会个体化的关键因素

新中国成立后，随着各项改革事业的推进和社会转型，中国的社会结构发生了深刻的变化，社会的个体化从三个领域逐步展开。家庭是社会个体化进程的第一个领域。在社会转型的过程中，传统的家庭结构和家庭功能发生了巨大的变化，由此带来了家庭权力结构关系的调整和变革，引发了个体从家庭的"脱嵌"——个体从传统家庭结构的束缚中抽离出来。地域共同体是社会个体化进程的第二个领域。随着整个社会流动环境的改善和流动机制的激活，个人有了从熟悉的地域流动到陌生环境的机会和可能性，从而引发了个体的"脱域"——个体从"大家庭庇护"和固化的社会分层结构中抽离出来。中国社会个体化的第三个领域发生在个人的价值观念层面。消费主义的出现对传统的消费文化形成了冲击和挑战，从而带来个人价值观念的巨大变化，引发了个体价值层面的"去魅"——社会成员价值观念层面的个体化和自我文化的产生。

中国社会个体化的发生是多方面因素综合作用的结果，政治、经济、文化都会影响到社会个体化的进程，国家、市场、个人一起构成了社会个体化进程的主要参与主体。其中，国家主导下的制度变迁是影响社会个体化演进的关键因素。家庭领域的个体化，背后是一系列家庭政策的变革，包括婚姻

---

① 金耀基：《论中国的"现代化"与"现代性"——中国现代的文明秩序的建构》，载《北京大学学报（哲学社会科学版）》1996年第1期，第26页。

制度、生育制度、人口政策等，是个体从家庭"脱域"的直接推动因素。地域共同体领域的个体化得以发生，更多依赖于国家层面的户籍改革，从制度上赋予个体的社会流动以合法性。个人才得以从宗族、邻里关系、职业等熟悉的地域共同体中抽离出来，走向一个更多自由选择和更多不确定性的社会环境之中。社会成员价值观念的个体化，可以说是整个社会转型和改革综合作用的结果，但直接影响因素则是国家激励消费的政策措施和制度安排。国家政策和制度层面对消费的支持，引发了消费文化的变革，改变了个人的消费模式，增强了个体的权利意识，并成为一种新的社会分化机制，对个体的价值观念产生了重要影响。可见，中国社会的个体化在家庭、地域共同体和个人价值观念三个领域的逐步发生，制度是最关键的影响因素。

三、个体化中国社会治理面临的主要问题

在中国社会个体化的演进过程中，社会成员的个体性得到发展，无论是生活理想中对于个人权利和自由的强调、社会实践中更多的自由选择，还是个体不断从家庭、亲属关系、社群、阶层等既有社会结构中的脱嵌，个体性发展的证据随处可见。但中国社会的个体化有自己的独特逻辑，也给社会治理带来了新课题。

一是如何培养社会成员的个体性。社会的个体化进程虽然会促使个体从行为到观念层面的个体化，但这种个体化并不是绝对的。个体从社会的脱嵌和脱域并非直接斩断与传统、既有社会结构的联系，并不意味着个体对环境和结构、制度等依赖的消失，而只是意味着个体的这种依赖由一元变成了多元。并且，中国长期的集体主义传统对个人思想和观念的潜移默化作用是巨大的，社会的个体化不可能让个人价值观念层面的个体化立即发生，需要一个长期的过程。更为重要的是，对个人而言，个体化社会充满着比以往社会

更多的风险和不确定性。脱嵌后的个体应该怎么办？因此可以看到在中国社会的个体化进程中，个体既有从家庭、地域共同体等传统社会结构和文化传统脱离的行为和意愿。同时，个体在进入一个个体化的、充满风险的社会中时显得无所适从，又表现出对家庭等传统社会结构的强烈依赖。以上这些因素都会影响社会成员个体性和主体性的充分成长。社会治理的现代化首先是治理主体的多元化。个体作为社会治理的重要主体，其个体性、主体性生长程度直接影响到社会治理参与的深度、广度和效度。

二是如何培养社会成员的公共性。社会个体化带来的是一个更加分化、碎片化的社会，如何在这样的社会环境中有效、更好地实现团结和秩序是社会治理面临的重要课题。社会治理主要围绕公共管理和公共服务展开，本身就具有公共属性。社会治理主体的多元性、过程的开放性、领域的广泛性需要不同治理主体之间进行积极的协商对话、协调互动和协力共治，所有这一切都需要个体对共同体拥有强烈的认同感、归属感和责任感，能够以主人翁的姿态积极主动投身社会治理。这对个体的公共性提出了更高的要求。然而，社会个体化带来的是个人与既有共同体的脱离，个人与社会关系的疏远。并且由于社会个体化给个体生活带来了更多的风险和不确定性，导致个体在生活中更加关注涉及个人利益的具体事务，而对公共事务缺乏参与热情。个体化的社会治理同时面临着培育个体性与公共性的双重挑战。

党的十九大报告明确提出，要打造共建共治共享的社会治理格局，让社会充满活力又和谐有序。这也是解决个体化社会治理问题的根本措施。只有完善共建共治共享的社会治理制度，实现政府治理同社会调节、居民自治良性互动，建设人人有责、人人尽责、人人享有的社会治理共同体，让个人和社会组织尽可能多地参加公共事务治理的实践，才能真正促进其个体性的生长。另外，个人和社会组织只有走出自己的私人领域，在社会交往互动中参与公共事务，才能更深刻地体会和认识到国家利益、公共利益和个人利益之间的紧密联系，进而促进其公共性的生长。

第三节 社会个体化研究的历史制度主义视域

既有关于社会个体化理论的研究更多基于社会学的研究方法，从个人与社会结构变迁的视角展开，忽略了制度作为关键因素在影响个体行为和价值观念、推动中国社会个体化进程中的重要作用。因此，从历史制度主义的视域，把中国社会个体化置于中国历史演变的长期过程，追溯改革开放以来的整个历史就显得很有必要。历史制度主义的方法强调把制度当作自变量，从家庭政策的调整与变革、户籍制度的改革、消费主义的兴起三个关键节点来考察制度如何为个体提供机会、设定限制、影响其偏好和目的，从而促使个人不断"脱嵌""脱域"的社会个体化进程。

一、历史制度主义的兴起与发展

制度一直是政治学研究的重要议题，其重要性在于制度本身对政治发展和共同体构建的重要作用。自亚里士多德开启城邦制度研究的先河以来，规范研究方法一直致力于如何通过建立和完善一种政治形式来实现某种政治原则。一直到 20 世纪三四十年代，政治学家不再满足于宏观、静态、规范和描述式的研究方法，转而采取一种可验证、可量化的动态的研究方法。政治学发生了一次研究范式转换的革命：行为主义研究方法兴起。70 年代末期以来，行为主义研究方法逐渐显示出弊端，遭受到各方面的批评，比如：行为主义研究方法过分注重方法论的建构，忽视了对实际问题的研究；对实证主义的过分推崇导致规范研究不足，只求解释现实不求改造现实；等等。政治科学内部以及其他社会科学研究领域中的理论发展，构成了制度研究重新回归的基础。

1984 年，詹姆斯·马奇和约翰·奥尔森在美国政治学评论上发表了《新制度主义：政治生活中的组织因素》，对政治学研究现状提出批评，标志着新制度主义的诞生。新制度主义诞生之初，研究者关于新制度主义的内涵、类型、方法等基本问题尚存分歧，未能就如何划分来源多样、构成复杂、内容丰富的新制度主义取得一致。1996 年，彼得·霍尔和玛丽·泰勒合作发表了《政治科学和三个新制度主义》，明确把历史制度主义归为新制度主义的三大流派之一（另外两个是理性选择制度主义和社会学制度主义）。自此以后，历史制度主义得到了广泛的运用和发展。

历史制度主义产生以来，众多政治学者对其理论来源、基本范畴、重要特征和动力机制展开了研究，历史制度主义的分析模式也被广泛地用来研究长时段、跨领域、多层次的政治、经济和社会问题，涌现出一大批研究成果。近年来，历史制度主义的方法也被大量用于分析和解释当代中国的制度变迁和政策问题。

二、历史制度主义的分析方法

从历史角度分析制度的起源、发展以及它与个人行为的关系，不同学科的关注范围和关注程度有着较大差异。历史制度主义在兴起和发展的过程中，既吸收了传统制度主义在结构和历史因素方面的分析优点，修正了其偏重整体和静态的描述性研究取向，还把行为主义的行为研究和科学方法整合到制度分析的研究框架之中，体现出对旧制度主义和行为主义双重批判与继承的特点。历史制度主义的分析方法主要有两种：

一是制度分析法，主要包括制度变迁理论和制度效能理论两种。制度变迁理论把制度当作因变量，来研究和分析何种因素导致制度的再生、转型、替换和终止。目前对影响制度变迁因素的分析主要集中于革命与战争、路径依赖、断裂平衡和渐进转型四个方面。制度效能理论把制度当作自变量，研究既有的制度如何影响制度结构内的政治行为、组织关系、政策方式和内容以及社会现实。制度对个人行为的影响通过"适当性逻辑"发挥作用,即"制度规定着什么行为是适合制度成员的,什么行为不适合"①。制度效能理论一方面重视对国家的研究,不仅关注它的形式和价值,更关注国家的内部结构及其自主性;另一方面尤其关注制度如何型塑政治生活,为行动者提供机会、设定限制、影响其偏好和目的。

二是时间分析法。历史制度主义把历史因素纳入制度分析,从时间的角度来分析制度演变的过程,探究时间要素对制度变迁和政策差异的影响及其结果。相对理性选择制度主义而言,"历史制度主义更看重长时段下的制度生存能力及其广泛影响,……旨在考察观念、利益和立场如何产生偏好,如何以及为何随时间演化"②。时间分析法主要包括路径依赖、关键节点和偶然性理论三种分析途径。路径依赖理论是指制度早先在某个特定的时间形成会影响后面的走向和变化,强调过去对现在的重要影响。在历史发展过程中,制度会以一种积极反馈自我强化,不断重复和加强,从而保持制度自身的稳定。因此,路径依赖理论在进行制度分析时,通常要跨很长一个时间段来考察其在历史演变长期过程中的连续性和稳定性。

历史制度主义把制度变迁过程总体上分为制度存续的"正常时期"和制度断裂的"关键节点"时期。正常时期的制度变迁遵循着路径依赖规律,制度与环境及其制度内部都保持着某种平衡。但是在某个特殊的时间点,社会发生了重大的事件或变革,之前的路径依赖被打断,这一特殊的时间点被称为"关键节点"。关键节点时期会产生新的制度或理念,并将对后面的历史发展产生重大影响。"制度演化过程中某些关键的时间节点对制度变迁具有

---

① [美]B.盖伊·彼得斯:《政治科学中的制度理论:"新制度主义"(第二版)》,王向民、段红伟译,上海人民出版社2011年版,第36页。

② [美]伊丽莎白·桑德斯:《历史制度主义:分析框架、三种变体与动力机制》,张贤明编译,载《学习与探索》2017年第1期,第44页。

持续影响与特殊意义，这种关键节点汇集了制度安排和众多要素间的动态关系，能够对制度进行结构性重构。"① 关键节点时期也被称为制度的断裂期。偶然性理论则跳出了历史发展的必然性规律，认为无论在什么层面、什么地点，偶然性不受制约和不可确定地存在着，并影响着事件的发展进程。任何偶然因素都可能改变制度的结构。因此，历史制度主义在研究制度变迁的过程中，尤其重视"关键节点"时期和偶然性因素对制度再生、转型、替换和终止的影响研究。

三、历史制度主义在个体化与社会治理研究中的运用

历史制度主义既继承了制度研究的传统，又合理借鉴了其他研究领域的成果，其注重中层制度和中观的视角，能够更好地解释现实政治生活中的重大问题。其对历史进程和时间序列的强调拓宽了政治学研究的理论视野，丰富了政治学的研究内容。历史制度主义在承认制度重要性的同时，也重视个人行为与制度之间、各层次制度之间以及文化、理念等因素的联系互动，对于研究和分析当代中国问题尤其是中国社会的个体化进程与社会治理问题具有重要价值。

在社会个体化的研究过程中，运用历史制度主义的时间分析法，把个体化置于中国社会变迁的长期过程，追溯改革开放以来的整个历史，分析考察"制度"这一关键因素在整个中国社会个体化进程中的重要作用。中国社会个体化的发生是多方面因素综合作用的结果，政治、经济、文化都会影响到社会个体化的进程，国家、市场、个人一起构成社会个体化进程的主要参与主体。但是，制度变迁是影响社会个体化演进的主要因素。家庭政策的变迁、户籍制度的改革和消费文化的变革是中国社会个体化推进的三个不同层面，

---

① 马雪松：《历史制度主义的发生路径、内在逻辑及意义评析》，载《社会科学战线》2022 年第 6 期，第 192 页。

也是个体化进程中的几个"关键节点"。这三个关键节点正是制度变迁的断裂期，影响中国社会个体化进程的重要制度变革也发生在这几个时期。研究过程中遵循路径依赖理论，既关注断裂期的新的制度设计与安排，同时也注重考察传统的制度、思想、观念、文化和习俗等具有连续性和稳定性的因素对后来历史的影响。另一方面，还通过运用历史制度主义的制度分析法，把制度作为分析中国社会个体化进程的关键变量，分别考察家庭政策的变迁、户籍制度的改革和激励消费的制度设计的具体发生过程。

　　个体化的新场景对社会治理提出了新挑战。在研究分析社会治理的新问题和应对措施时，通过历史制度主义"回归国家"的研究方法，强调国家在化解社会治理问题方面应发挥宏观主导的作用，重塑社会的保护机制，帮助个人抵御和化解风险。另外，把文化因素纳入分析范围，强调传统的文化、习俗对制度的形成、变革和当下个体行为的影响，提出重建个体与传统共同体的联结以抵御风险的策略。

第二章

家庭变革与个体的"脱嵌"

作为社会个体化的第一个维度,"脱嵌"在社会的基本单元层面表现为个人从传统家庭权力结构束缚的脱离。传统家庭既是乡土中国的个体抵御社会风险的保护屏障,同时又是一种特殊的社会制度,对个体的行为具有规范和束缚作用。社会转型过程中,国家主导的一系列家庭政策调整直接推动了传统家庭结构的深刻变革,个体得以从传统"家本位"家庭权力结构的束缚中脱离出来,在家庭和个人的关系中更加重视个人、强调个人的生存、利益、个性和独立性。

第一节　乡土社会中的家庭

纵观中国几千年的发展历史可以发现,"农

业""乡土"始终都是描绘社会性质的关键词。传统社会的乡土特性塑造了独特的中国家庭，使得传统家庭呈现出以男性家长为权威核心、复杂的大家庭关系、家庭伦理政治化的显著特征。

一、中国传统社会的基本特征

"从基层上看去，中国社会是乡土性的。"① 费孝通用这一概念来描述传统中国"礼俗社会"不同于现代"法理社会"的性质，也一句话道破了中国传统社会的基本特征。漫长的历史进程中，乡土性一直以传统的面貌深根厚植于中国社会的土壤中，并在经济基础、社会关系和国家治理方面呈现出独有的特征。

（一）乡土社会的理论阐释

乡土社会的经济基础是以家庭为基本单位的小农生产。地理环境是人类取得生活资料的重要外部条件，越是在人类社会的早期阶段，地理环境对人类的生产生活方式和社会组织形式的影响就越大。与西方的海洋环境不同，中国北有草原沙漠，西与西南有横亘的高山，唯有黄河中下游地区地势平坦，地理条件适合农业种植，这里也是中华文明的发源地。中国自古以来以农业立国，农业一直是中国社会经济的基础。历朝历代统治者将农业视为立国之本，把农业与国家的稳定和繁荣联系起来，推行"重农抑商"的农业经济政策。在这样的政策和观念环境中，土地成为传统社会最宝贵的财富。土地的所有权及其与之相配套的整个农业的生产、交换、分配形式决定着一个社会的经济及相关结构。夏商周三代的"井田制"是中国最早的土地制度，秦国商鞅变法则确立了土地的私有制。之后的 1000 多年，私有制始终是土地制度

---

① 费孝通：《乡土中国》，北京大学出版社 2012 年版，第 9 页。

的主体，土地所有权高度分散化，自耕农经济占据绝对优势。随着人口的不断增多，在一定的生产力水平条件下，为了解决人多地少的矛盾，只有加大劳动力的投入，对农业进行"精耕细作"，才能增加单位面积产出。"精耕细作"的生产方式把家庭作为最小的社会经济单位，把土地分为无数小块。这也是乡土社会的典型特点，即"地方之于国家的乡土特性、小农社会的分散属性。家户构成了小农社会的基本本位和行动单元"①。由于以粮食种植为主的农业生产过程十分复杂，从翻土、平地、播种、灌溉到收获，一方面需要投入大量的劳动力，另一方面又容易受天气环境等外部因素的影响。因而农民以家庭为单位，聚族而居，并逐渐形成村落结构，通过共同体的方式来抵御风险。这种村落结构反过来又强化了农业社会的特征。

在以家庭为基本单位的小农生产中，乡土中国发展出独特的"以己为中心、以家庭为本位"的社会关系。农业经济必须围绕土地展开，从事农业生产的人世代定居在一块土地上，整个社会的人口流动性低，具有较强的稳定性和同质性。人们在长久的农业生产生活中彼此熟悉和相互依赖，血缘和地缘关系就逐渐形成一个庞大的社会关系网络，构成传统社会基层的基本人际结构。人们把这个网络作为人际交往过程中的基本原则，费孝通称之为"差序格局"："每个人都是他社会影响推出去的圈子的中心，被圈子的波纹所推及的就发生联系"。这种联系以"己"为中心，"像石子一般投入水中，和别人所联系成的社会关系，不像团体中的分子一般大家立在一个平面上，而是像水的波纹一般，一圈圈推出去，愈推愈远，也愈推愈薄"②。由于农业经济具有很大的脆弱性，人们为了抵御风险不得不相互联合起来。这种联合主要是以家庭、宗族、村落等血缘和地域为基础的熟人关系为主要纽带。这也导致传统社会的人际网络具有极大的伸缩性，人与人之间的亲疏关系取决于个

---

① 吴春来：《乡土社会的政治整合：中国现代国家建构论》，载《江汉大学学报（社会科学版）》2021 年第 1 期，第 36 页。
② 费孝通：《乡土中国》，北京大学出版社 2012 年版，第 43～44 页。

体所处的圈层位置。波纹的中心是自己，与他人的社会关系就像一圈一圈往外扩展的波纹，愈远愈薄。

独特的经济基础和社会关系格局造就了传统中国独特的社会治理格局——"双轨政治下的基层社会自治"①。在由上往下的治理轨道上，主流是无为而治。一个以农业经济为基础的高度自给的简单社会中，社会成员对国家的各项功能性需求较少，加上交通、技术等客观条件的限制，使得自上而下的权力意志很难直接贯彻到社会底部，故而有"皇权不下县"的说法。这也为基层社会的自治留下了空间。在由下往上的治理轨道上，以乡绅为主体、礼法为规则的自治则是基本的治理格局。乡绅作为一种非正式权力，填补了传统社会中县以下的治理真空。他们凭借自身的知识、声望和地位，以传统礼法习俗为基础，通过教化、调解等方式，平息社会纠纷，维护基层社会秩序。需要注意的是，双轨政治的治理格局看似是分开、互不干扰的，实际上却是一体的。皇权并非真正不下县，而是在县一级转入基层治理的轨道，从而得到更好的贯彻执行。

（二）乡土社会的历史状况

费孝通用"乡土社会"来描述中国传统社会，更多是一种静态意义的，甚至是一种理想类型的建构。但"它并不是虚构，也不是理想，而是存在于具体事物中的普遍性质，是通过人们的认识过程而形成的概念"。② 运用这个概念，可以帮助我们去理解具体的中国传统社会。事实上，乡土中国的描述符合中国传统社会的实际状况。一直到新中国成立，中国社会整体上还是一个农业社会。从城乡结构上看，城市化水平还十分低下。1949 年，在全国的工农业总产值中，农业总产值为 326 亿元，占比为 70%；轻工业和

---

① 王小章：《"乡土中国"及其终结：费孝通"乡土中国"理论再认识——兼谈整体社会形态视野下的新型城镇化》，载《山东社会科学》2015 年第 2 期，第 7 页。

② 费孝通：《乡土中国》，北京大学出版社 2012 年版，第 5 页。

重工业总产值合计 140 亿元，占比为 30%。农业在整个社会的经济比重中仍然居于主要地位。[1]

需要注意的是，"乡土中国"不是关于中国乡村社会的概念，而是对社会性质的一个整体描述。在传统农业社会中，城市的主要功能是政治和军事。由于城市中没有产生与农业经济相抗衡的工商业经济，因而也就没有发展出对城市进行单独管理的需求，其结果就是形成了一种城乡合治的传统地方行政体制。直到 1909 年，清政府颁布《城镇乡地方自治章程》，才第一次以法律的形式确认城乡分治的管理。正是在这个意义上，马克思也指出，"亚细亚的历史是城市和乡村无差别的统一"[2]。虽然自 1840 年鸦片战争以来，中国城市的经济结构、社会结构、功能定位以及管理方式都发生了变化，但国家对基层的管理和控制一直沿用一套类似的制度。民国政府初期取消了保甲制度，在 1930 年 5 月颁布了《市组织法》，确立了新的管理网络，但将市划为区、坊、闾、邻的方法与农村的保甲制度并无二致。根据国民政府行政院的统一部署，1935 年北平又重开保甲。虽然保甲制度是国民党政府强化社会控制的方式，但它并没有致使传统社会的家族制度走向消亡，家族的组织、区域网络、经济功能和仪式相当大部分得以保存。这也可以从城市居民的房屋空间结构得到印证。在城市的四合院中，进门的"倒座房"，一般用作仆人居住或厨房、储藏室。再往里走左右两边分别为东西厢房，一般用于地位仅次于一家之长的男性及其妻子居住。再往里走正对面为正房，中间是用于举办家庭祭祀仪式和对外接待的厅。厅的两边通常由男性家长和他的妻子居住，面积比厢房大，地势比厢房略高。居住空间的这种分配恰恰是宗族血缘关系的最好体现：空间通过高度象征的形态进行布局，体现了家长的权威和中心地位以及家庭成员的等级秩序关系。因此，这种居住空间本身就成了一

---

[1] 国家统计局：《中国统计年鉴（1981）》，中国统计出版社 1982 年版，第 17 页。
[2] 《马克思恩格斯文集》第 8 卷，人民出版社 2009 年版，第 131 页。

台再生产儒家"礼法"的机器。① 直到新中国成立，才在城市基层正式废除保甲制度，代之以街居制。

新中国成立后，国家开始了现代化的进程，工业化、政治体制的变革等都引发了乡村社会的变化，但中国乡村社会更大程度上的结构性变化发生在改革开放后。市场经济的发展、基层农村的村民自治和城市居委会的成立以及消费文化的传播，从经济基础、治理格局到人际关系，乡土中国开始了全方位的变迁和变革。因此可以说，中国传统社会的总体特征是乡土性的。需要注意的是，乡土中国的农村经济并不等于农业经济，因为仅靠农业生产并不足以支撑整个社会的消费。"中国从来不是个纯粹的农业国家，而一直有着相当发达的工业。可是传统的工业并不集中在都市里，而分散在无数的乡村里，所以是乡土工业。"② 这也塑造了传统中国乡村与城市的基本关系形态：城市更多的是作为消费中心存在，在城乡关系中，乡村才是本位的。

二、传统社会中的家庭

（一）家庭的含义

家庭是人类社会最基本的组成单位，也是个体不可或缺的重要日常生活领域。关于家庭的概念，不同的角度有不同的解释。家庭之所以区别于其他社会团体与组织，主要在于家庭成员之间的特殊关系和互动方式。《社会学词典》把家庭定义为"以一定的婚姻关系、血缘关系或收养关系组合起来的

---

① ［澳］薄大伟，David Bray：《单位的前世今生：中国城市的社会空间与治理》，柴彦威等译，东南大学出版社2014年版，第27～32页。
② 费孝通：《乡土重建》，中信出版集团2019年版，第107页。

社会生活和社会结构基本单位"①。在通常情况下，婚姻构成最初的家庭关系，具体包括夫妻关系、父母和子女之间的关系。可见，家庭是作为群体形式存在的。婚姻是家庭的起点和基础，因婚姻而结成的夫妻关系是家庭中最主要的关系，是家庭关系的核心。血缘关系是在婚姻基础上的继续，父母子女、兄弟姐妹是家庭中的第二种主要关系。其他直系旁系亲属、领养关系等则是婚姻血缘关系的合理延伸。

家庭是一个历史的范畴，不是从来就有的，而是人类社会发展到一定阶段的产物。正如马克思所说，"在生产、交换和消费发展的一定阶段上，就会有一定的社会制度、一定的家庭、等级或阶级组织"②。人类文明演进到现在，家庭的形式历经变化发展，但其对人类社会的意义和作用一直十分重要。对个人而言，家庭是温暖的港湾和最根本、最重要的保障。人们在家庭中体验亲情，获得物质和精神的支持、保障与激励，并习得知识、技能和最初的行为规范。对社会而言，家庭是个人与社会联结的纽带。家庭虽然由个人组成，但同时又是庞大社会网络的一部分。家庭不是一个封闭的社会体系，时刻都在与其他组织、群体发生联系。家庭既是个人与社会联系的纽带，也是社会治理的基本单元。

（二）传统家庭的特征

乡土中国的经济基础决定了传统家庭有三个重要特征：以男性家长为权威核心、复杂的大家庭关系、家庭伦理的政治化。

以男性家长为核心的家庭权威是传统家庭最显著的特征。家庭的核心在于父母和子女关系构成的基本三角，其中夫妻关系是横向的平辈关系，亲子关系是异辈的纵向关系。在不同的文化传统中，横向与纵向关系的位置、重心都有很大差异。中国传统家庭中，家庭关系的重心在亲子关系，

---

① 王康主编：《社会学词典》，山东人民出版社 1988 年版，第 372 页。
② 《马克思恩格斯全集》（第二十七卷），人民出版社 1972 年版，第 477 页。

亲子关系重于夫妻关系。因此，中国传统家庭伦理的核心也在纵向，上要孝敬父母，下要生养子女，而不在横向的夫妻相爱。很多情况下，夫妻关系依赖于亲子关系，要靠亲子关系来维持和支撑。在这样的家庭关系结构中，父系承袭，男尊女卑，长幼有序，男性家长处于核心地位，具有绝对的权威。

家的放大是族，家长权的放大也就是族权。族长以其年龄和辈分获得的领导权和中心地位是由血缘群体所赋予和认可的，任何外部力量都不足以动摇。个人在这样一个长幼有序的格局中自有其身份地位并以此行事。各自的身份决定了"其在群体中相应的地位和经济利益的实现方式，……人的这种身份也是单一的和具体的，是某一身份就不是另一身份，身份可以继承却不可以替代"①。个体对其在家庭、家族中地位和秩序的认同既是一种自我约束的表现，更把长幼有序的等级秩序合情化合理化，将家长、族长的权力转化为权威，进一步强化了成员对家长、族长的服从。男性家长的核心权威除了表现为内化于个体的伦理原则外，还表现为家族的族规等行为规范。在传统社会里，以血缘为纽带的家族实际上构成了一个集政治、经济、社会于一体的组织。许多家族族规森严，如漵水吴氏家族 1948 年的族谱，里面记载的族规内容几乎涉及各个方面：奉法、敦本、追远（祭祀）、服教、立品、务业、尚学、内教等，均做了细致的规定。②

复杂的大家庭关系是传统家庭的第二个重要特征。学者对历史上中国的家庭规模进行研究发现，我国的家庭并非以大家庭为主。2000 多年来我国平均家庭规模为 2.5～7 人，其中以五口之家为主。20 世纪初到中华人民共和国成立前，我国家庭规模平均为 5.17～5.38 人。③ 因此，大家庭关系才是传统家庭的重要特征。复杂的大家庭关系首先表现为家庭中亲属种类繁多：在

① 张康之等：《共同体的进化》，中国社会科学出版社 2012 年版，第 45 页。
② 朱汉国：《中国社会通史（民国卷）》，山西教育出版社 1996 年版，第 149 页。
③ 杨胜慧：《中国的家庭转变：趋势与影响因素》，中国人口出版社 2020 年版，第 18 页。

纵向上包括父母、祖父母、曾祖父母、子孙、曾孙等直系亲属，横向上则有兄弟姐妹、堂兄弟堂姐妹、伯叔、姑母、侄子女等。无数个家庭根据血缘、地域关系聚居在一起，形成宗族、村落，彼此共同生活，因此家庭之外还有家族和宗族。宗族是家庭的扩大，包括父族的同宗亲属。家族则还把母族和妻族纳入其中。这导致家庭关系不仅在家庭之内，而且横跨到家庭之间、家族之外，十分复杂。

家庭伦理的政治化则是传统家庭特征的社会外化。家庭伦理是以血缘关系为纽带、以男性家长权威为核心、按照尊卑长幼关系建立起来的一整套行为规范。家庭伦理的政治化源于传统中国的治理需求。中国幅员辽阔，地理、民族、文化差异多元，使得早期中国的治理极为不易。再加上技术条件的限制，这些因素决定了传统社会的治理仅仅依靠政治与法律是远远不够的，"德治"就成为统治者的重要策略和手段。家庭伦理本就是一套基层社会行之有效的行为规范，通过将家庭伦理政治化，从而将伦理原则用来为政治统治服务，成为国家管理、社会整合的基本凭借。统治者把男性家长的权威推及到国家：国家是一个大家庭，统治者是家长，其余成员依据各自在国家中的身份地位行事，从而形成一整套的国家礼法制度。家庭中的尊卑等级秩序成为国家立法的基石，家庭伦理规则被政治化、法律化，其对家庭成员地位、义务的规定本身就成为了法律。由于家庭伦理更多地表现为内化于个体的教化作用，因而国家对社会成员的管制崇尚德治，重视礼法的教化和规范作用，提倡个体先修身齐家再治国平天下。"事实上，国家法在任何社会里都不是唯一的和全部的法律，无论其作用多么重要，它们只能是整个秩序的一部分。"[①] 在国家法之外，还有各种类型的乡规民约和风俗习惯，它们一起构成社会秩序的基本原则。

---

① 梁治平：《清代习惯法：社会与国家》，中国政法大学出版社1996年版，第35页。

第二节　家庭政策与家庭变迁

家庭作为人类社会最基础、最传统、最悠久的一项制度安排，在漫长的历史发展中一直保持着它的相对稳定性。但现代社会的转型过程中，一个国家的经济发展、文化传播和社会变迁等诸多因素都可能带来家庭模式、结构、功能的变化。其中，家庭政策是最为关键的影响因素。

一、家庭政策的理论

家庭政策与经济政策、福利政策、人口政策、健康政策等高度相关，因而对家庭政策进行概念的界定由于认识角度的差异会导致不同的结果。从政策内容和涵盖范围来看，家庭政策有广义和狭义之分。广义的家庭政策包括所有直接或间接对家庭产生影响的政策，它是各项社会政策的一个具体方面。对家庭政策的这一界定拓展了研究的具体领域，但由于涵盖面太宽泛，实际操作性不强。狭义的家庭政策是指那些针对家庭福利并对家庭资源或家庭行为产生影响的政策。从政策目的上看，家庭政策有显性和隐性之分。显性家庭政策是指明确以家庭为客体或政策对象而制订的专门计划和实施特定服务的政策，如计划生育、妇女儿童权益保护、家庭教育等。隐性家庭政策是指所有对家庭产生影响的政策，但这些影响只是政策的次要目标，如移民政策、税收政策、就业政策等。目前，学界主流的观点认为家庭政策要以家庭为适用对象：政策要以家庭为明确对象并考虑家庭的整体状况。如果政策以个人为对象，则必须专门考虑个人在家庭中的角色和家庭中的行为。据此，可以把家庭政策定义为：多主体共同参与的，针对家庭、家庭成员或家庭资源、家庭行为实施引导、干预、管理的政策手段与集体行为方式。

由于家庭政策对象的特殊性，政策内容更多涉及的是私人领域的具体问题，如失业、疾病、伤残、生育等。因此，家庭政策一直是一个相对敏感的话题，许多国家都竭力避免直接使用家庭政策的称谓。在制定政策的过程中，政府不仅要考虑社会成员对公共权力大规模干预私人生活领域可能产生的反感和不支持，还要考虑家庭自身能动性发挥的行动空间。因此在实践中，家庭政策更多的是融入特殊社会问题和特殊社会群体中，成为社会政策的一部分而非单独存在。同时，为了消除或避免政策目标实现过程中社会成员的反感和不支持，家庭政策一般采取多元主体共治的方式。通过吸纳多方主体参与到政策制定和实施的具体过程，运用协商和民主的手段，更好地推进政策实施。家庭政策的特定问题指向和多元共治的方式表明：它不是一种活动或规则，而是一个过程；政策实施的基础不是控制而是引导协调；政策形式更多地不仅是正式的制度，而且是持续互动的非正式习俗规范。

家庭政策在制定时，主要受到政策目标的影响。家庭政策的目标因时间空间而有所差异，呈现出多元性的特征。但家庭政策的目标主要包括收入再分配、调节家庭规模与结构、性别平等三个方面。通过家庭政策实现收入再分配，是各个国家家庭政策的第一目标，包括"将收入从没有孩子的个人或夫妇家庭再分配到有孩子的个人与家庭，或者从高收入的个人与家庭垂直再分配到低收入的个人与家庭"①。调节家庭结构与规模是家庭政策的潜在目标。国家通过鼓励生育或节育的人口政策及相关配套措施，对全国人口数量、质量与经济发展情况进行宏观调控，间接实现调节家庭结构与规模的目标。促进性别平等则是家庭政策制定的第三个重要目标。随着社会的进步，自由、平等等价值观念被普遍认可，性别平等也逐渐被纳入家庭政策的目标框架。从宪法关于男女平等的规定、婚姻法中男女婚姻自由的条款，以及促进女性就业的相关法律规定等，各国家庭政策通过不同的具体措施来实现这一目标。

---

① 吕青、赵向红：《家庭政策》，社会科学文献出版社 2012 年版，第 32 页。

二、家庭政策的演变

(一) 西方国家的家庭政策变迁

家庭政策最初是西方国家为改善公民福利从而解决社会问题的举措。随着西方国家从自由主义发展到福利主义再到福利多元主义，其家庭政策的演变也经历了一个家庭化、去家庭化和再家庭化的过程。

在传统意义上，家庭政策几乎等同于社会政策，主要的政策目标是为了解决发展过程中出现的社会民生问题。在古典自由资本主义发展的漫长时期，市场一直被视为最有效率的资源配置手段，国家的职能被严格限定为"守夜人"的角色，管得越少的政府才是越好的政府。从这一理念出发，家庭相关问题的解决都是通过市场的自发作用，强调依靠家庭自身通过市场的方式来解决需求。只有当家庭和市场功能确实难以满足需要的领域，政府才承担提供有限社会福利的责任。家庭化是家庭政策的第一阶段，主要由家庭承担提供福利的责任。

当资本主义从自由竞争进入到垄断阶段，各种经济问题和社会矛盾激增。针对这些情况，最小政府的理念被政府对市场的大量干预和管制替代。政府开始承担大量的社会公共事务，最小政府逐渐转变为福利国家。各国纷纷进行了福利政策调整，不断扩大社会福利，由政府向个人提供最低家庭收入保障、疾病、失业等相关救助，帮助个人和家庭抵御社会风险。这是家庭政策的第二个阶段：去家庭化，主要由政府或组织承担福利责任。

随着"高增长、高福利、高税收"的福利主义弊端日益暴露，完全由政府承担提供社会福利责任的方式难以为继。新自由主义重新提出了反对国家干预、主张私有化、以个人主义为基础的政策主张。新保守主义也指出国家干预的方式助长了人的贪婪、自私和惰性，造成整个社会资源的浪费和发展的疲力。于是，西方资本主义社会掀起了一股福利私营化和市场化的浪潮。但这似乎又走回了"家庭化"的家庭政策老路。在不断反思的基础上，西方国家提出了"福利多元主义"的主张：即福利的提供不完全依赖任意一方——哪怕是政府或者社会，而是要促使社会各方都在福利体系中充分发挥作用。这一阶段是家庭政策的"再家庭化"：家庭作为福利提供者的作用重新受到重视，但政府、市场等主体与家庭一起共同承担提供福利的责任。

西方国家家庭政策的演变过程既是政府与市场、家庭之间权力博弈的过程，也是各方责任不断明确的过程。从公民责任、政府责任到各方共责，家庭政策变迁的背后是核心理念的变化。公民权利是福利国家的核心理念，为公民提供普惠性的福利和全面性的保障被视为福利国家的法定责任。但是这一理念一直不断遭到批判：家庭问题是个人和社会环境因素交互作用的结果。政府既要提供必要的支持和帮助，更要帮助个人认识并承担自己的责任。正是在一个共同承担责任的"家庭政策"中，国家才能抽身出来，推动传统家庭政策向发展型家庭政策的转变。传统家庭政策主要注重缓解社会问题的"症状"，具有事后救助的局限。发展型家庭政策认为所有家庭都需要帮助，并且更注重从预防的角度为非贫困家庭提供支持和帮助。同传统的家庭政策相比，发展型家庭政策"侧重的不仅仅是贫困人群的基本需要和生计，而是试图通过广泛的政策措施和社会福利服务来帮助弱势群体永久摆脱在生活、就业和参与等方面的制度性障碍，同时通过普遍的社会福利服务帮助所有人群提高生活质量"①。

（二）中国家庭政策的变迁

中国家庭政策的发展经历了从一个以公平为导向的家庭政策到以发展为导向的家庭政策的演进过程。在福利责任的具体承担上，大致遵循"去家庭

---

① 吕青、赵向红：《家庭政策》，社会科学文献出版社 2012 年版，第 56 页。

化"到"再家庭化"的逻辑。传统社会中家庭既是生产生活的基本单位,也是福利最重要的提供者。漫长的历史发展过程形成了中国独特的家本位意识,家庭成员的相互支持和依赖是社会成员抵御风险的最主要手段。新中国成立后,围绕工业化目标,基于当时的特殊国情和社会建设需要,中国的家庭政策表现出"去家庭化"的取向。城乡居民被组织进一个个单位之中,国家通过单位福利和职工福利的形式对家庭进行支持,承担了家庭福利的几乎全部责任。政府出台了一系列家庭政策,涉及养老、就业、婚姻、孕产等具体方面。由于社会经济发展条件有限,这些福利政策只能维持家庭的基本生活状态,但是基本实现了"公平"的价值取向。

随着改革开放的逐步推进,单位制开始解体,中国的家庭政策以减轻国家负担、增加家庭和个人责任为主导思想,开始强调减少国家干预,增加市场和个人的责任,并由此形成了一整套发展导向的家庭政策体系:一是人口政策。为了应对新中国成立后一段时间来的人口膨胀,1982年中共十二大把计划生育确定为基本国策,力图通过生育调节达到控制人口增长的目标。计划生育政策的实施,对人口的年龄结构、家庭结构等方面都产生了巨大的影响。二是家庭援助政策。长期以来,我国的家庭政策把重点对象放在了边缘和弱势群体身上,出台了针对残疾人家庭、贫困家庭、低收入家庭等群体的一系列政策,并配套以医疗保险、生育保险等措施对家庭提供保障和支持。三是推进性别平等。家庭政策在推动男女平等方面主要体现为促进女性就业和维护女性权益两个大的方面。如生育保险制度、1992年发布的《中华人民共和国妇女权益保护法》、2012年制定的《女职工劳动保护特别规定》等。因为在长期的历史发展过程中,男女平等面对的主要问题是男尊女卑。即使改革开放以来,妇女仍然是家庭生活的主要维系者,相比男性要面对更多的压力、矛盾和冲突:就业与家庭经济需求的张力、家庭经济支持与家庭照顾的张力、个人事业与家庭事业的张力。因此,家庭政策在推进性别平等方面主要体现为女性地位的提升。

中国以发展为导向的家庭政策还在逐步的完善之中，呈现出几个发展趋势和方向特征：一是注重家庭政策对象的明确性。我国当前的家庭政策涵盖面已经较为广泛，但无疑是隐性的。国家卫生健康委员会下设有专门的人口监测与家庭发展司，但其主要职责是承担人口监测预警工作并提出人口与家庭发展相关政策建议，完善生育政策并组织实施，建立和完善计划生育特殊家庭扶助制度，并没有突破原有的政策理念。发展型的家庭政策需要明确以整体家庭作为政策对象，不仅支持和帮助弱势群体被动应急，更应该有针对全体社会家庭预防、发展层面的政策制度安排。二是注重家庭的多样性需求。传统家庭已经发生了巨大的变化，单亲家庭、丁克家庭、流动人口家庭等新形式家庭不断出现，对家庭政策提出了不同层次和不同内容的需求。而当前的家庭政策大多将个人作为政策对象，较少考虑到不同类型家庭的差异性需求。三是明确主体边界，支持和鼓励家庭承担应有责任。"只有强调家庭作为福利对象的整体性，才能真正支持和强化家庭在福利供给中的功能与责任，激活家庭的潜力并延续重视家庭的优良传统。"① 但需要注意的是，市场改革的过程并不是简单地将政府责任转嫁给市场和家庭。在改革的过程中，政府要主动承担起政策引导、支持和鼓励方面的宏观调控职责。

三、家庭政策变迁中的家庭变革

家庭政策与家庭变迁是一对互为因果的关系。一方面，政府通过家庭政策的制定与执行，直接参与到家庭变迁的具体过程中，对传统家庭形成巨大的冲击。另一方面，社会转型中的家庭变迁又会引发家庭政策的不断调整，从而更好地适应社会治理的需求。新中国成立以来，中国的传统家庭经历了巨大的历史变迁，现代家庭的规模、结构和功能都发生了不同于传统家庭的

---

① 胡湛：《传统与超越：中国当代家庭变迁与家庭政策》，社会科学文献出版社 2018 年版，第 217 页。

深刻变革。

家庭规模和家庭结构是描述家庭状况的重要维度，分别从量和质两个不同层面反映了家庭的具体状况。2000 多年来我国平均家庭规模为 2.5 ~ 7 人，其中以五口之家为主。20 世纪初到中华人民共和国成立前，我国家庭规模平均为 5.17 ~ 5.38 人。[①] 新中国成立后，我国家庭规模总体上呈现下降趋势。最近三次全国人口普查的数据显示，2000 年我国平均家庭户规模为 3.46 人/户，2010 年平均家庭户规模为 3.09 人/户，2020 年平均家庭户规模为 2.62 人/户。[②] 其中 2020 年第七次全国人口普查的平均家庭户规模已经缩小到 3 人以下，即平均家庭户规模已经低于一般意义的三口之家。这意味着家庭规模小型化和单一化的进一步发展，已经打破了以往相对复杂和稳定的家庭结构。这一数据背后反映的是家庭结构更为深刻的变化和趋势。

家庭结构是家庭关系的整体模式，从不同的角度对家庭有不同的结构类型划分。以家庭人数为标准，可以分为大家庭和小家庭；按照代际层次，可以分为一代、二代或多代家庭等。较为通行的分类方法是按照家庭的代际层次和亲属关系，可以把家庭分为核心家庭、主干家庭、联合家庭和其他家庭。家庭户规模逐年缩小的背后是中国家庭结构的变化。从家庭户规模看，从 2000 年开始 3 人户所占比重最大，为 29.95%，1 人户和 2 人户比重分别为 8.3% 和 17.04%。到 2020 年，2 人户比重上升为 29.68%，超过 3 人户的 20.99%；1 人户的比重也进一步上升到 25.39%。从总趋势来看，1 人户、2 人户和 3 人户的比重持续上升，4 人户及以上户的比重持续下降。从家庭户类别看，2000 年时 1 代户、2 代户、3 代户的比重分别为 21.70%、59.31% 和 18.24%。到 2020 年，这一数据分别变为 49.50%、

---

① 杨胜慧：《中国的家庭转变：趋势与影响因素》，中国人口出版社 2020 年版，第 18 页。
② 数据引自国家统计局网站第五、六、七次全国人口普查数据。

36.72%、13.26%。① 总之，中国家庭结构的变化趋势，从数量分布看主要表现为同住家庭人数从 3 人及以上向 3 人及以下转变；从代际居住情况看主要是从 3 代、2 代为主向 2 代、1 代为主转变。更为重要的是，家庭结构不仅变得更为多元，而且一直在不停流动，即使是同一个家庭在家庭生命周期的不同阶段（如上学、结婚、生子、退休等），也会带来家庭结构的调整和变动。

在家庭功能方面，现代家庭表现出经济与情感并重的特征。家庭功能从本质上说是个人需求的体现。家庭最早是作为生产单位出现的，因而经济功能是传统家庭最重要的功能。农业社会中，家庭既是一个消费单位，也是一个生产单位。个人只有紧紧依靠家庭，才能抵御各种风险，求得安全和保障。所以，传统家庭特别注重亲属关系网络的建设。大家庭的互助合作，是家庭经济功能的扩大和延伸。为了从数量上维持大家庭的延续，生育与传宗接代被视为家庭甚至家族的大事，而且从性别上偏向男性。总之，传统家庭更重视纵向的经济功能，对横向的夫妻关系与情感则比较忽略。在现代家庭中，经济因素和情感因素的重要性都在上升。"家庭可能是一个'经济合作体'，也可能夫妻之间都会有经济上的冲突和博弈；但同时，夫妻对彼此的亲密关系要求也越来越高，亲密关系被认为是结婚的合法理由。"② 在经济与情感功能外，家庭还具有生育、教育、文化等多种功能，家庭结构越复杂，功能就越多。随着家庭结构简单化趋势的进一步发展，家庭功能的执行主体、执行方式、执行空间和执行时间都发生了变化，但家庭的总体和核心功能一直都存在并发挥作用。"认为家庭总体功能的减少或增加的观点是难以成立的，……尽管家庭有的功能有弱化的趋势，但存留在家庭的其他功能重要性却明显提高。"③

---

① 数据引自国家统计局网站第五、七次全国人口普查数据。
② 沈奕斐：《谁在你家：中国"个体家庭"的选择》，上海三联书店 2019 年版，第 333 页。
③ 潘泽泉：《现代家庭功能的变迁趋势研究》，载《学术交流》2005 年第 1 期，第 132 页。

第三节　个体从家庭权力结构的"脱嵌"

家庭的基础是两性的自然结合，从而形成联结家庭成员的纽带关系。然而这种纽带关系仅仅具有生物和遗传的意义，只有当两性关系为一定的社会制度所确认，才能形成婚姻关系，被赋予一定的社会权利和义务规定，进而获得认可。因此，家庭生活其实是一种社会行为，具有规定性、程序性和相对稳定性，使人们在家庭生活中有章可循、世代相传。可见家庭并非随心所欲，而是具有一定的规范和准则。这些规范和准则包括婚姻制度、生育制度、家庭制度等，既构成对个人行为的基本规范，也是一种约束。传统家庭的结构以男性家长为核心，其他家庭成员的言行则被束缚，自由也受到限制。家庭对人的束缚作用还体现为家庭中的社会控制。家国同构的结构决定了家庭是国家进行社会控制的一个重要手段和凭借。国家通过法律、道德、习俗、舆论等方式，把国家权力渗透到家庭之中，形成对个体的控制和束缚。

以家庭政策的变迁为诱因，传统家庭在现代化转型的过程中发生了巨大的变革。在这一转型的过程中，个体也得以从传统家庭权力结构的束缚中脱离出来，即个体的"脱嵌"：个体从纵向的父子轴线和横向的夫妻轴线结构束缚的脱离，以及与这一过程相伴随的个体家庭价值观念的变化。

一、个体从纵向家庭代际结构的脱离

农业社会的经济基础、漫长的乡土文化决定了中国传统家庭关系的基本特征：血缘大于婚姻关系，纵向的血缘关系重于横向的婚姻关系，纵向的父子关系成为整个家庭关系的重心和核心。这也奠定了中国历史以来家庭权力结构和伦理规范的基本形态和价值取向。

（一）个体从传统"父子关系"束缚的脱离

家庭是传统农业社会的基本经济单元，父子关系是自然家庭角色关系的一种。男性家长掌握着家庭里的经济大权，父子世代相承袭。这就使得父子关系从夫妻、母子、兄弟姐妹等其他关系中凸显出来，在家庭中占据着主导和支配地位。"孝"则是调整这一关系的基本准则。传统家庭的父子关系中，"孝"的规范要求个体对父亲权威的尊重、服从，以及担负起光宗耀祖、繁衍家族的责任。因而"孝"和"顺"总是联系在一起的，从子与父的角度而言，强调子对父的绝对服从、家庭的集体意识以及尊卑长幼的秩序。从父与子的角度而言，反映在实践的关系中，父子的沟通是不平等、不顺畅的。因为传统家庭对子女的抚养既包括生理上的，也包括社会上的。通常的做法是在父母间进行分工，由父亲和母亲分别承担社会性和生理性的抚养工作。生理上的满足会进一步引发亲密的情感，而社会习惯的养成有很多限制和规则，容易引发不愉快的情感。父母双方因各自角色而背负着不同责任，父亲"溺爱子女会受社会的贬责，这种压力逼使父权社会当中当父亲的板起面孔来对付子女"①。从周朝开始倡导的孝文化，在先秦时期被儒家推广，成为协调亲子关系的基本伦理规范。秦汉时期，统治阶级由上而下在整个国家层面大力推广，孝文化从家庭内的伦理规范上升为国家和社会层面的人伦关系基本准则。宋元明清时期，孝文化的社会功能得到进一步强化。从"父慈子孝""父为子纲"到"君要臣死，臣不得不死"，孝的内涵从善待父母发展到顺从父母，延伸到尊卑长幼有序的人际关系秩序，再拓展到忠于君王，逐步为统治阶级所用。以父子关系为核心的家庭伦理逐步发展为整个社会伦理的基础，进而成为统治者教化民众、维护社会统治秩序的基本手段，"家国同构"也由此而来。"孝"的基本规范，虽然在维持家庭和社会秩序方面发挥了巨大

---

① 费孝通：《乡土中国　生育制度》，北京大学出版社 2020 年版，第 219 页。

的作用，但形式化的规范要求压制了个体情感的真切表达，更忽略了个体的自我意识和自由选择，个体同时也被深深束缚在这种家庭权力结构之中。家庭代际关系中的平等、民主和自立现象与趋势则是个体脱离这种束缚的直接表现。

传统农业经济的衰退和现代工业经济的发展动摇了以"父子关系"为核心的家庭纵向代际结构的经济基础。传统农业社会中，父亲是生产劳动的组织者和领导者，通过掌握经济大权来对其他家庭成员行使家长权力。但是工业经济的流动性和开放性使得绝大多数家庭失去了生产职能，改变了子承父业的传统。更为重要的是，现代性的不断发展逐渐解构了传统。过去积累的知识和经验不再对未来具有指导作用，人们依据对未来的预测来决定当下的行为和选择。从经济到社会到生活中，父亲角色在家庭中的地位和作用逐渐降低，家长权也就自然衰落了。新中国成立后的一系列家庭政策更是直接推动了个体从家庭纵向代际结构束缚的脱离。1950 年颁布的《中华人民共和国婚姻法》对父母子女之间的关系作出了明确的规定：父母对子女有抚养教育的义务，子女对父母有赡养扶助的义务。父母子女有相互继承遗产的权利。1980 年新通过的《中华人民共和国婚姻法》以及 2021 年正式实施的《中华人民共和国民法典》都明确延续了这一规定。该项规定改变了传统家庭纵向关系中的单方面命令服从关系，重新将父母子女关系定位为相互扶助的平等关系。20 世纪 70 年代以来，国家开始实施计划生育政策，家庭规模变得越来越小，代际居住从 3 代、2 代为主向 2 代、1 代为主转变。居住代际模式的变化使得家庭成员的关系向着更为平等、民主的氛围转变。家庭成员对亲子关系更为看重，对相互的感情依托和扶持更为依赖。

（二）个体从传统宗族与亲属关系束缚的脱离

个人从家庭纵向代际关系束缚的脱离还表现为宗族的式微与亲属关系的变化。宗族是家的扩大，族权是家庭中男性家长权力在宗族中的延伸。族长是一个宗族的最高领导者，对一族事务有着很大的发言权和决定权，其权力涉及族内经济生活控制、日常事务管理、宗族祭祀、纠纷裁决、对外交往等众多方面。宗族权力的合法性是祖祖辈辈继承而来的，是不证自明的。

新中国成立后，在农村和城市积极推进土地改革与资本主义工商业改造。宗族制度的经济基础在这一改造过程中受到了强烈的冲击。族田作为宗族制度的主要物质基础，在土地改革的过程中被没收或征收。国家在废除封建土地所有制的同时，还废除了家族祠堂的土地所有权。祠堂被充作公用，或改为农民协会和乡政府的办公地点，或改为农村学校的校舍，或改为村民集会的礼堂等。被没收的族田族产同没收的地主土地一起被平均分配给无地少地的农民。族谱的作用也不再像以往一样受重视。族谱是维护宗族血缘关系纽带的重要线索，在实际生活中发挥着记录宗族历史、维系宗族传统、巩固父系传承的诸多作用。缺少了这一重要线索，宗族的血缘辈分联系和观念也就逐渐松弛了。在城市中，通过资本主义工商业改造，私营企业主的家庭、家族价值取向也发生了变化。传统的私人企业多是家族性的，企业的人员构成、经营安排与人际关系主要依靠血缘纽带来维系。社会主义改造后，家族与企业的关系被削弱，企业内部的血缘、地缘关系也被削弱。

传统大家庭的宗族与亲属网络是个体获得支持与资源的重要载体，但传统的家族和亲属网络包含大量的伦理道德规范，对家庭成员具有相当程度的约束作用。家庭结构的变化、宗族的式微带来了亲属网络关系的变化。在一个个体化的社会中，亲属网络的建立和维护不再是一种既存的规定与不得不完成的义务，而是个人自主选择的结果。血缘和姻缘不再是决定亲疏远近的唯一因素，个人偏好成为新的衡量标准。在亲属网络关系的维护过程中，以经济因素为核心的理性原则逐渐取代传统以血缘姻缘为纽带的差序格局。相较传统的大家庭亲属网络而言，这种以实用主义为导向的现代家庭网络联结方式更为松散，对个体的行为不再具有强有力的约束作用。

二、个体从横向家庭性别结构的脱离

横向的夫妻关系其实是传统家庭男性家长权力结构的横向表现形式，总体上女性在男女关系中处于弱势地位，因此个体从横向家庭性别结构的脱离主要表现为女性地位的提高和权利与自由的保护。传统家庭中，女性家庭成员的束缚是双重的：既要受到所有男性家长权力规范的束缚，也要受到"男主外女主内、男尊女卑"规范的束缚。因此从家庭走向社会的过程，也是女性逐渐脱离束缚的过程。

（一）女性从家庭走向社会的理论依据

新中国成立后，一系列的家庭政策直接推动了女性从横向家庭性别结构束缚中的解放。这些政策背后的理论依据是马克思主义关于女性主体性和男女平等的思想。恩格斯在《家庭、私有制和国家的起源》中指出，男女不平等和妇女受压迫的根源是私有制。在前阶级社会，家务劳动本来属于社会劳动。生产力的发展、剩余产品的出现、家庭和私有制的产生，使得家务劳动脱离社会劳动变成女性在家庭内部的专门工作。妇女被排斥在社会生产活动之外，失去了对生产资料的所有权，因而在经济生活中依附于男子，在生产关系中处于从属地位。参加社会劳动则是提高女性地位、实现女性主体性的根本途径。"只要妇女仍然被排除于社会的生产劳动之外而只限于从事家庭的私人劳动，那么妇女的解放，妇女同男子的平等，现在和将来都是不可能的。妇女的解放，只有在妇女可以大量地、社会规模地参加生产，而家务劳动只占她们极少的工夫的时候，才有可能。"① 家务劳动的社会化是女性摆脱家务劳动参加社会劳动的具体途径。女性只有走出家庭，与男性一起参加社

---

① 恩格斯：《家庭、私有制和国家的起源》，人民出版社 1999 年版，第 168 页。

会劳动，才可能使二者处于相对平等的地位。

（二）男女平等：女性从家庭走向社会的实际过程

在传统家庭关系结构中，不能简单地用"男尊女卑"的模式化概念来理解男女关系。因为在实际的家庭关系中，"男尊女卑"是与"孝"文化观念和"长幼有序"的行为规范联系在一起的。但是，在法律上，女性基本处于从属地位，没有什么权利可言。新中国成立初，《共同纲领》明确规定女性在政治上与男性一样，拥有相同的权利。1950年颁布的《中华人民共和国婚姻法》中明确肯定了女性的平等权利和选择自由，规定废除以包办强迫、男尊女卑为特征的封建主义婚姻制度，实行一夫一妻制，男女婚姻自由，互敬互爱，互帮互助，权利平等。1953年的《中华人民共和国选举法》和1954年颁布的《中华人民共和国宪法》都明确规定，女性享有与男性平等的选举权、被选举权和其他社会权利。

国家还通过一系列的政策安排推动实现女性由"家庭中人"到"社会中人"的转变过程。这种转变通过家务劳动的社会化和女性参加生产的方式得以实现。20世纪50年代末开始，国家大办公共食堂、幼儿园、托儿所等集体事业，把束缚女性的家务活动社会化，由社会进行统一办理。女性走出传统的家庭分工领域，积极参加劳动生产和公共事业，从而获得劳动报酬。女性走向社会从事生产的过程，本身就是挣脱男性家长权力结构中的男尊女卑、男主外女主内等传统思想束缚的过程。这方面农村女性比城市女性表现更为明显。城市女性比农村女性更早走向社会参加工作，她们在生产过程中要争取的不是同工同酬的权利，她们要挑战的更多的是体力和技能的极限。农村女性则不一样，她们走出家庭时不可避免地要与各种传统家庭的性别角色和规范发生冲突，因此这一脱离束缚的过程表现得更为明显。

女性家庭成员从横向家庭性别结构的脱离在实践中还表现为价值观念层面的变化。在性别分工上，由于女性也走出家庭参加工作，与男性共同承担起养家的责任，"男主外女主内"的传统家庭分工观念影响减弱。在婚育观念上，趋向更加多元化，"父母之命媒妁之言"的择偶观让位于自由选择的恋爱观。在亲子关系中，"长幼尊卑"的孝道观被更加平等温馨的家庭关系所取代。在生育观念上，多生子女还是少生优生成为个体的自由考量和选择，"传宗接代、男孩偏好"的生育观不再广为认可。总之，个人本位的家庭价值被更多地认同。

总的来说，无论是个体从纵向的家庭代际结构的脱离，还是横向的家庭性别结构的脱离，社会个体化在这一阶段主要表现为去传统化。中国社会个体化演进的这一阶段，有两个问题需要注意。第一，个体化的演进不是一个自然发生的过程，更多地体现了国家的主导性。个体不是主动从传统的家庭权力结构中脱离出来，而是在社会转型过程中，国家一系列家庭政策推动下的被动"脱嵌"。第二，"去传统化"并不意味着与传统彻底脱离关系。传统的社会结构如果可以成为个体可资利用的资源，它就仍然重要，这是个体化社会中家庭成员的必然选择，只是背后的逻辑发生了变化：个体成为家庭的中心，不是家庭决定个体的生活，而是个体型塑家庭的面貌。因此，个体从家庭结构的脱离并不彻底，有时候甚至表现出强烈的依赖和再融入，这都是个体抵御个体化社会风险的一种策略选择。

第三章

户籍制度改革与个体的"脱域"

　　"脱嵌"是社会个体化的第一个维度，在社会的基本单元层面表现为个人从传统家庭权力结构束缚的抽离。但是在更大的社会层面，"脱嵌"还表现为个体的"脱域"——个体从熟悉的地域共同体中逐渐脱离，走向一个更多自由选择和更多不确定性的个体化社会环境中去。户籍制度改革是中国社会个体化进程的第二个关键节点。农村和城市中的自由个体是社会成员"脱域"的前提，市场和社会对自由流动个体的需求是基础。国家逐步推进的户籍制度改革，则从制度上赋予个体的流动以合法性，为个体的"脱域"提供了最为重要的合法性保障。在社会个体化的这一阶段，个体从曾经熟悉的地域共同体中抽离出来，走向一个更多自由选择和更多不确定性的社会环境之中。

第一节　社会流动：个体"脱域"的背景

个体的"脱域"通过社会流动得以实现。社会流动是"从动态的角度分析和描述社会阶层结构分化过程中各阶层之间的互动、动力机制、时空范围、方向和速度的概念"①，主要是指社会成员从一种社会地位转移到另一种社会地位的过程。社会流动既包括从较低社会地位到较高社会地位的垂直流动，也包括相同社会地位的职业、地域之间的水平流动。个体"脱域"的前提条件是存在能够自由流动的"个体"。家庭联产承包责任制的推行、社区制度的建立把个体从"大家庭"中解放出来，成为自由的个体，具有流动的可能。非公有制经济的发展壮大对劳动力的大量需求则成为个体流动与"脱域"的外部条件。

一、农村与城市中的自由个体

从个人与社会结构的关系角度看，家庭联产承包责任制发挥了解放劳动力使其能够自由流动的作用。实行家庭联产承包责任制后，农业生产包产到户，独立经营，自负盈亏。国家对农业的管理也改变了传统的强迫性、指令性的方式，代之以指导和帮扶的办法。社员与生产队、基层政府之间的人身依附关系变成一种承包关系或契约关系。农民成了生产经营的主体，不再被束缚在集中生产活动中，可以自由安排家庭生产，具有很大的自主权。这直接导致了农民从集中生产活动的束缚中解放出来，农业劳动生产率得到极大提高，劳动力大量溢出。农村中的自由个体开始流动，寻找各种新的生

---

① 陆学艺：《当代中国社会流动》，社会科学文献出版社 2018 年版，第 1 页。

活机会。

农村的改革带动了城市的变化。随着农村改革的推进，大量流动的农民个体涌入城市，加上市场经济的发展，个体、私营人员、农民工等社会流动人员越来越多，打破了原有城市结构和系统的平衡。所有这些新变化都意味着，既有的依托于单位的城市管理制度面临着新的问题。社区制正是应对这一问题的直接产物。社区制推行前，街道和居委会也存在并发挥作用，但其"社会管理和服务功能显得相当落后和薄弱，其管理的范围、对象和方式都极为有限。……仅充当辖区基层管理和服务的辅助角色，局限在辖区治安、环境卫生等，功能单一"[①]。

20 世纪 80 年代初，民政部最早提出"社会福利社会办"的模式，试图打破"社会福利单位办"的旧框架。1986 年民政部开始在城市基层倡导开展以民政对象为主体的社区服务，社区的概念逐渐进入政府的视野。1991 年正式提出社区建设的概念，强调基层组织要着重抓好基层社区建设，并从理论和实践方面对社区建设进行了探讨。1999 年正式启动了"全国社区建设试验区"工作，在实践中探索改革城市基层管理体制。2000 年 11 月，中共中央办公厅和国务院办公厅转发了《民政部关于在全国推进城市社区建设的意见》，在全国范围内大力推进城市社区建设。至此，社区制度正式在全国范围内推广开来。与单位制度和街居制为特征的传统城市管理体制相比，社区的政治、经济功能弱化，社会服务职能更加突出。与之前个人对单位的依附关系不同，个体与社区的关系更加自主、自由和独立。社区的治理主体更加多元化，越来越多的居民自治组织、社团组织、志愿者组织、企业和个人都加入社区治理的具体活动和过程中。社区还成立了社区居委会、社区居民代表会议、社区协商议事会议等组织结构，实现了对社区事务的共同治理。社区中的个体比单位中的个体更加自由、自主。

---

① 袁方成、王泽：《中国城市社区治理现代化之路——一项历史性的多维度考察》，载《探索》2019 年第 1 期，第 119 页。

二、非公有制经济的兴起对自由流动个体的需求

农村中家庭联产承包责任制的推行和城市中社区制度的推广，让个体从原有社会结构的束缚中脱离出来，成为可自由流动的个体。但自由个体的存在仅仅是社会流动的条件之一，另一个条件则是社会对自由流动个体的需求。只有卖方和买方同时具备，社会流动才有可能。因此，非公有制经济的发展已经呼之欲出。

（一）非公有制经济市场准入的制度历程

随着农村家庭联产承包责任制的推行，大量的农村劳动力被解放出来，急需一个新的去处，城市中也面临着知识青年返城再就业问题。据统计，到1979年上半年，全国的待就业人数高达2000多万人。① 正是在这样的背景下，非公有制经济得以兴起和发展。

非公有制经济的兴起及其存在的合法性论证经历了一个逐渐准入的制度变迁历程。这一历程最初是从个体经济和私营经济的市场准入开始的。党的十一届三中全会首次把所有制结构改革纳入了议事日程，并指出一定范围的劳动者个体经济是社会主义公有制经济的必要补充。对个体经济作为公有制经济补充地位的认识得到了党的十一届六中全会、党的十二大的进一步确认。1981年7月国务院制定的《关于城镇非农业个体经济若干政策性规定》则从经营范围、从业人员、经营规模、经营方式、货源、原材料和价格管理等方面对个体经济的市场准入作了详细规定。1982年通过的《中华人民共和国宪法》明确规定："在法律范围内的城乡劳动者个体经济，是社会主义公有制经济的补充。"个体经济的合法性地位首次得到了宪法的承认。

---

① 王世勇：《新时期非公有制经济政策的历史考察》，中共中央党校出版社2004年版，第67页。

随着个体经济的迅速发展和规模的扩大，家庭内部的个体劳动力已经不能满足需要，从家庭外部吸纳劳动力的雇佣劳动方式开始出现。由于雇佣劳动涉及"雇佣并占有他人劳动"的性质，与社会主义方向是否相符引起了争论。因而与个体经济的迅速发展壮大不同的是，国家对私营经济的市场准入制度经历了一个从"观察"到"允许"再到"鼓励"的变化过程。对于刚刚产生的私营经济，国家一是采取雇佣人数限制在 7 人以下的规定，二是对私营经济的发展采取一种"不公开宣传、不急于取缔、放放看"的观察态度，这实际上是默认私营经济的发展壮大。1987 年中共中央在《把农村改革引向深入》的文件中首次提出允许私营经济的存在，并对其存在的必要性和积极作用作了肯定。紧接着党的十三大正式提出了"私营经济"的概念。1988 年第七届全国人大第一次会议通过的宪法修正案则从法律上明确了私营经济作为"社会主义公有制经济的补充"的法律地位。1992 年，中共十四大明确了市场经济体制改革的总目标，提出了多种经济成分长期共存发展的方针。1997 年，中共十五大正式提出了国家的基本经济制度，确认非公有制经济是我国社会主义市场经济的重要组成部分。至此，非公有制经济的市场准入从制度上得以完成。

（二）非公有制经济的兴起与个体劳动力吸纳

非公有制经济市场准入的过程也是其逐渐兴起并发展壮大的过程。党的十一届三中全会后，国家的改革首先从农村开始。家庭联产承包责任制的推行，自负盈亏、自主经营的模式推动了农村生产方式和交换方式的变革，极大地提高了劳动生产率。农村开始出现剩余劳动力，农民手里开始有剩余资金，这为个体经济的兴起创造了历史性的前提。随着剩余劳动力的大量出现，农村劳动力开始发生转移。这种转移主要有两种方式：一种是"离土不离乡"的就地转移，乡镇企业成为这一时期吸纳农村劳动力的主力军。1980 ~ 1989 年，个体和私营经济平均每年吸纳就业人数 700 万人以上，1990～1996 年虽然有所放缓，平均每年吸纳就业人数也在 400 万人以上。到 1996 年，乡镇企业吸纳的从业人员达到 1.35 亿人。农村劳动力转移的第二种方式是跨地区的转移，以 1989 年开始的"农民工"潮为标志，并逐渐成为农村劳动力转移的主要形式。据统计，1989 年外出务工农民人数从改革开放初期的 100 万～200 万迅速增加到 3000 万人。之后的几年，每年增加的外出务工农民工人数都在 1000 万人以上。[①] 在城市中，1979 年初国家放宽了就业限制，开始允许部分人员自谋职业。1981～1984 年，城镇个体经济劳动者从 227.4 万人增长到 1303.1 万人。随着城市个体经济的发展壮大，从 1985 年开始，个体经济吸纳的劳动力平均每年保持两位数的增长速度，到 1988 年，个体经济吸纳劳动力人数达到 2304.9 万人。[②] 随着非公有制经济市场准入制度的逐渐放宽，个体经济、私营经济、外资经济等形式的非公有制经济在吸纳劳动力方面发挥着更加重要的作用。

第二节　户籍制度改革：个体"脱域"的制度合法性建构

家庭联产承包责任制的推行、社区制度的建立把个体从单位大家庭中解放出来，成为自由的个体，具有流动的可能。非公有制经济的发展壮大对劳动力的大量需求为个体流动与"脱域"创造了外部条件。但最重要的是，个体能否自由流动还取决于国家制度层面的合法性认可。新中国成立后，鉴于当时的特殊国情和经济社会发展的需要，国家实行一种严格限制人口流动和迁移的户籍制度。随着非公有制经济对劳动力的需求与户籍制度限制的矛盾、城市个体和农村个体流动与户籍限制之间矛盾的发展变化，国家开始了户籍

---

① 韩俊：《中国经济改革 30 年：农村经济卷》，重庆大学出版社 2008 年版，第 168～169 页。
② 龚晓菊：《制度变迁与民营经济发展研究》，武汉大学出版社 2005 年版，第 78～83 页。

制度的改革。这一改革过程始于"农转非"政策的调整，从"自理粮户口""蓝印户口"再到户籍制度改革从小城镇到大中城市全面铺开，国家对个体"脱域"的制度合法性建构经历了一个从有限认可到逐步确立并划定边界的过程。

一、户籍制度的起源及历史发展

（一）户籍制度的概念界定

人是构成群体、社会和国家的根本因素，对人的出生、婚姻、迁徙、死亡等信息的登记一直是历代国家和统治者实施管理的重要内容。户籍是一个从历史沿袭而来的概念，最初是指登记居民户口的簿册。个体家庭的出现是户籍产生的社会前提。国家如何对社会成员进行有效管理是户籍制度产生的直接推动因素。历史上的户籍制度还是一种与土地管理和土地制度相关联的人口管理方式。户籍制度主要包括人口的登记制度和人口的管理制度两个方面，目的不仅是为掌握家庭和人口情况，更重要的是通过人口对土地的占有情况来确定摊派赋税、征调兵役的依据。从春秋战国时期的"编户""定籍"开始，我国的户籍制度先后经历了什伍制、乡里制、乡保制、都保制和保甲制的制度变迁。新中国成立后，废除了保甲制，代之以一种城乡二元的户籍制度。户籍制度简单说就是"对户口、户籍进行管理的制度，是围绕户籍中心的一整套管理规范，是各级国家管理机构对其辖区内的户口进行调查、登记、申报并根据相应原则立户、分类并进行编制的制度规范的总称"[1]。狭义的户籍制度特指对户口的管理，包括户口的登记、迁移、统计和对常住和暂住人口的管理等。然而，中国特有的城乡二元户籍制度，除了狭义的户口管

---

① 李振京、张林山：《我国户籍制度改革问题研究》，山东人民出版社2014年版，第67页。

理之外，还包括与户籍挂钩的一系列权利和利益分配的制度设置。户籍制度改革一直以来步履维艰，原因在于"在户籍基础上嵌套了各种社会福利和公共供给，户籍本身构成了一个'福利包'，户籍与保障、就业、教育、土地及居住等相互嵌套、相互影响。"①

（二）城乡二元户籍制度的背景及其形成

之所以会形成城乡二元的户籍制度，与新中国成立所面临的国家－社会关系以及工业化的目标密切相关。新中国成立后，传统的"国家－民间精英－民众"的三方互动关系被打破，各种社会组织萎缩，整个社会某种程度上依然受旧中国"一盘散沙"局面的影响。国家为了巩固政权，实现社会整合，不得不把权力渗透到社会的各个领域，直接面对民众。为更好地进行社会整合，摸清实际情况，就必须掌握个体信息，建立起完整的户口编制体系。新中国成立后，国家选择了在经济落后的条件下优先发展工业的目标，采取了一种汲取农业资源发展城市工业的策略安排。这种战略措施需要同时把城市和农村都封闭起来以实现农业对工业源源不断的积累和支持。新中国成立初期曾有一个短暂的人口自由流动时期，区域和城乡之间的人口流动并没有受到严格的限制，城乡之间和区域之间的人口流动现象仍然比较明显，1954 年《宪法》还明确规定了公民有居住和迁徙的自由。随着工业化的推进，城乡差距不断扩大。大量人口涌入城市，城市失业、粮食供应等社会和经济问题的出现使得国家一方面开始实行粮食的统购统销制度，从农村提取资源供应城市。另一方面，国家于 1953 年 4 月出台了《关于劝止农民盲目流入城市的指示》，开始限制人口流动。1956 年，国家召开了首次户口工作会议，明确提出要在短时期内建立一套严格的户口管理制度，从城市入口控制人口流动。1958 年 1 月全国人大常委会第九十一次会议通过的《中华人民

---

① 郭东杰：《新中国 70 年：户籍制度变迁、人口流动与城乡一体化》，载《浙江社会科学》2019 年第 10 期，第 75 页。

共和国户口登记条例》把户口分为农业户口和非农业户口两种，以法律形式从户籍管理制度的宗旨、登记范围、户口簿的使用和迁移手续等方面做了明确的制度规范。《中华人民共和国户口登记条例》第十条还明确规定："公民由农村迁往城市，必须持有城市劳动部门的录用证明，学校的录取证明，或者城市户口登记机关准予迁入的证明"。这一规定将户籍迁移的决定权从个体自决转向了特定组织决定，并且以法律的形式固定下来，标志着以严格限制农村人口向城市流动为特征的城乡二元户籍制度的正式形成。

（三）城乡二元户籍制度的特点

城乡二元的户籍制度有三个重要特征：一是城乡身份的二元性。把户口分为农业户口和非农业户口两种类型在客观上导致了农民和市民两个不同的身份群体。对社会成员的身份识别在各个国家、各个历史时期都存在，这也是现代户籍制度的主要功能。但身份识别不等于身份的划分，在城乡二元的户籍制度下，社会成员被人为地标识为不同身份并进行区分，城市户口和农村户口成为个体之间身份的最大差别。个体的这种身份还在代际传递，因为个体取得户籍的依据不是职业类别或居住地点，而是家庭身份的延续。

二是流动限制。国家通过户籍制度区分农业人口和非农业人口，目的就是为了划分类别，限制人口的自由流动。在农村，国家不单以法律的形式对人口流动进行限制，而且还通过一系列相关的制度来限制农民外出。比如证明农民身份的户口簿以家庭为单位而不是以个人为单位发放，农民外出没有身份证明，必须要开具介绍信。由于农民的生产生活资料绝大部分来源于生产队的分配，这种分配是通过挣工分的形式获得的，私自外出或请假则会因为扣工分而影响到个人和家庭的生计。在城市，只有拥有城市户口才能够获得生产生活资料，并且生产生活资料的获得是通过一个个具体的单位实现的，个人进入某一单位则是由国家通过统包统分的制度决定。因此，个体没有流动和迁徙的自由。

三是资源配置。户籍制度不仅是对城市和农村户口的简单识别，更是资源配置、利益分配的首要依据和标准。拥有城市户口就意味着可以进入城镇的单位生活工作，可以享受单位的教育、文化、医疗等多种社会福利保障。户籍制度还与地域相结合，进一步强化了其资源配置的作用。在大城市，在行政序列中占有较高级别单位的各项福利待遇和资源比小城市和农村更好。户籍制度的资源配置功能反过来又强化了城乡之间的隔离与差别。

二、城乡二元户籍制度的消极影响与变革动因

城乡二元的户籍制度是特殊历史时段的产物。它为国家工业化目标的实现发挥了积极作用。随着国家工业化进程发展到产业扩张和结构调整阶段，对生产要素的自由流动提出了更高的要求，城乡分割的二元户籍制度开始显现出消极影响。在这一过程中，其变革的动因也不断涌现。

（一）城乡二元户籍制度的消极影响

虽然城乡二元的户籍制度曾发挥了积极作用，但其控制人口由农村向城市流动给个体和社会带来的消极影响也十分明显。首先，这一制度人为划分了不平等的社会身份，制约了个体主动性和积极性的发挥。农业户口与非农业户口的人为区分使不同地域的个体享有不同的权益和保障。户籍制度将人口分为两部分，总体来说城市的待遇要高于农村。在城市中，国家大力发展第二产业。第三产业的萎缩导致城市就业容纳能力低下，因而城市中的个体很难自由选择职业，其物质生活水平只与个体所在单位在行政序列中位置的高低有关。在农村，农业生产集中开展，个体成为单一的粮食种植者，也没有自由选择权。农业内部的产业流动和外部的职业流动都受到国家制度的限制，个体完全失去了选择的自由。在这种情况下，户口因与各种福利保障挂钩而逐渐成为个人身份地位的象征。城市户口和农村户口显示出不平等，这

种不平等并非个体先天智力或后天努力所导致的差异，而仅仅是由一种先赋的个人户口所决定。个体只要出身于城市家庭、出身于较好的单位，就可以享受比其他人更优越的物质生活条件。在这种情况下，个体发挥积极性和主动性学习知识、提高技能的动因较低，更多是被动地调适自己的行为以符合既有的分配制度。

其次，城乡二元的户籍制度制约了城市化的正常发展进程，形成一种僵化的二元社会结构。城市化是国家现代化进程中的一个自发过程。工业化程度越高，城市化的水平就越高。在工业化的过程中，人口从农村转移到城市，就业结构逐渐由第一产业转向第二产业和第三产业，这是工业化和城市化发展的一般规律。由于国家选择了优先发展重工业的战略目标，投资大但生产集中，重工业的发展并没有带来更多的就业需求和人口流动。这说明工业化并没有导致正常的城市化进程。这种只重视人口控制、不重视基础设施建设的管理方式严重制约了城市建设和城市化的发展。限制农村人口流入城市的户籍制度在其中扮演了关键的角色。工业化以前，中国城市和农村的差别不大，并未形成二元的结构。正是在工业化进程中，由于城市化的进程被阻断，农村和城市逐渐分化，差距不断被拉大，才逐渐形成一种僵化的城乡二元结构。孙立平把这种二元结构的社会描述为"断裂的社会"，"在断裂的社会中，城乡之间已经越来越具有两个时代或两个文明的含义"。[①]

最后，城乡二元户籍制度通过影响个体的生育行为改变了人口结构。除却传统生育观念的影响，个体的生育行为还包含理性选择计算收益成本的因素。对非农业户口而言，子女出生自然就具有城市户口，与城市户口相关的生产生活资料和各种福利待遇则是由国家根据户口统一供应。人员的增加并不会给家庭带来太多额外的成本，因而大部分家庭选择了多生育。在农村，生产生活资料的获得是生产队按照人口进行分配，多生育子女意

---

① 孙立平：《城乡"三元结构"的挑战》，载《21世纪商业评论》2005年第6期，第31页。

味着可以多分配生产资料。挣工分的制度也决定了人口的增加意味着劳动力的增加，可以挣取更多工分以获得更高收入。因此从成本收益角度出发，大部分家庭会选择多生。1953~1978年的26年间，中国人口出生率年均30.43%，1963年更是高达43.37%①，城乡二元户籍制度对个体的生育行为影响可见一斑。

（二）城乡二元户籍制度的变革动因

城乡二元户籍制度的变革主要取决于非公有制经济对劳动力的需求与户籍制度限制的矛盾、城市个体和农村个体流动与户籍限制之间矛盾的发展变化。

随着非公有制经济的不断发展，其对劳动力的需求越来越大。与公有制经济由国家统一分配资源不同的是，非公有制经济是自负盈亏的经济主体，以盈利为目的，自然倾向于选择雇佣廉价的劳动力来降低生产成本。由于城乡二元户籍制度的人为区分，农村劳动力的价格远远低于拥有城市户口的劳动力。因此非公有制企业有着招聘农村廉价劳动力的强烈动机。家庭承包责任制推广以后，农村的劳动力也大量解放出来，早已经准备好成为自由流动的个体。但横亘在二者之间的是限制农村人口流向城市的户籍制度。即使有农村劳动力能够进入城市，与户籍制度挂钩的排他性福利制度也使其难以在城市中生存下来。在城市中，公有制经济主体也逐渐剥离各种政治、行政和社会职能，开始向自负盈亏的"经济人"角色转变，拥有企业经营的自主权。面对非公有制经济的巨大竞争压力，招聘廉价劳动力以降低成本也成为公有制经济主体的必然选择。非公有制经济越发展，这种矛盾就越明显。

随着市场经济的进一步发展，城市户口所带来的身份地位逐渐褪色，经

---

① 社会科学研究院人口研究所：《中国人口年鉴（1989）》，经济管理出版社1990年版，第308页。

济开始成为新的身份地位衡量标准，非公有制经济的高额报酬逐渐成为个体流动的巨大诱因。大量的农村剩余劳动力涌入城市以寻找更好的发展机会，更是直接对户籍制度形成了巨大挑战。一方面，农民虽然可以绕过制度规定进入城市，但其寻求国家对自由流动的法律许可的愿望仍然十分迫切，强烈要求改变限制人口流动的户籍制度。另一方面，人口流动的行为本身也加剧了户籍制度的失效，冲击着城市公共物品的供给和分配机制。

三、个体"脱域"的制度合法性与户籍制度改革过程

个体脱离熟悉的地域得以自由流动的合法性制度建设，始于国家的"农转非"政策，首先撕开了入城的口子。再通过"自理粮户口""蓝印户口"的制度变迁过程，对个体"脱域"的合法性给予了限定条件下的认可。自 20 世纪 90 年代以来，户籍制度改革从小城镇到大中城市全面铺开，个体"脱域"的制度合法性构建逐渐完成。

（一）"农转非"：户籍制度改革前的调整

党的十一届三中全会后，国家为了减轻城市粮食供应、交通和住房等方面的压力，继续执行严格限制人口流动的户籍制度。随着知识青年的大批返城以及专业技术干部及其家属在城市落户问题的出现，国家虽然没有立即开始户籍制度的改革，但对部分特殊对象的流动限制进行了调整，准许其户口迁入城市。1980 年 9 月，公安部等三部门发布了《关于解决部分专业技术干部的农村家属迁往城镇由国家供应粮食问题的规定》，明确指出少数专业技术干部可以采取分期分批的办法，逐渐解决他们的城市户口问题。"农转非"政策所涉及的范围也越来越广泛，除解决知识青年和落实政策人员等遗留问题以及部分专业技术干部家属外，还逐渐扩大到煤矿井下职工、三线艰苦地区职工、家居农村老工人、军队文职干部、志愿兵等人员的家属。在打开

"农转非"政策口子的同时,国家还增加了"农转非"的指标。在传统城乡二元的户籍制度管理下,每年"农转非"的指标不超过1.5‰。为配合"农转非"政策,这个指标增加到2‰。据统计,仅1980年办理"农转非"的就达到600万人,此后每年人数都在200万~400万人之间,一直到1990年,全国累计共有5317万人办理了"农转非"。[①]

(二)从"自理粮户口"到"蓝印户口":有条件的个体"脱域"

随着中国经济发展和社会结构的变迁,尤其是乡镇企业的蓬勃发展,大量农村剩余劳动力进入城镇务工。鉴于大量人口流动的事实以及流动人口对促进经济发展所产生的巨大作用,国务院于1980年10月发布了《关于农民进入集镇落户的通知》,规定:凡是申请到集镇务工、经商或从事服务业的农民及其家属,只要在集镇有固定住所,有经营能力或长期务工的,公安部门应准予其落户,发放《自理口粮户口簿》,统计为非农业户口。虽然个体的户口转变为非农业户口,但不享受与户口相关的福利待遇,粮油需要自理。这是国家从制度上第一次为农村人口进入城市有条件地打开大门,承认其合法性。尽管自理粮户口与城市户口还有很大差别,但仍阻挡不住个体自由流动的积极性。在1984~1986年3年里,全国办理自理粮户口1633828户,共计4542988人。[②]

由于自由流动人口的大量增加,以"户"为单位的户口簿难以满足管理的需要。随着人户的逐渐分离,流动人口管理问题更加严重。在这种背景下,1985年7月,公安部颁布了《关于城镇暂住人口管理的暂行规定》,赋予公民个人在非户籍所在地长期居住的权利。1985年9月,全国人大常委会审议通过了《中华人民共和国居民身份证条例》,开始正式实施新的居民身份证管理制度。与强调个人身份家庭属性的户口簿不同,身份证制度更加强调公

---

① 公安部三局:《户口管理资料汇编(第四册)》,群众出版社1993年版,第98页。
② 殷志静、郁奇虹:《中国户籍制度改革》,中国政法大学出版社1996年版,第14页。

民的个人身份。这也标志着国家的户籍管理工作从"户"为单位的管理模式向"人户结合"管理模式的转变。随着与户籍制度配套的粮油副食价格的放开、票证制度的取消和住房、教育、社会福利方面的改革，城乡隔离的户籍制度基础被进一步打破，更多的人口流动到城市。为满足社会成员进城落户的愿望，公安部于1992年8月拟定了《关于实行当地有效城镇居民户口制度的通知》，重点针对县城以下的小城镇和部分经济特区，有稳定住所和职业的个人，实行一种当地有效的城镇户口制度。由于这种当地有效的城镇户口的印鉴为蓝色，故被称为"蓝印户口"。蓝印户口统计为非农业户口，享受与城镇常住户同等的待遇，这是与自理粮户口的重大区别。但是个人在获取蓝印户口时需要缴纳城建和开发等相关费用，并且该户口只在颁发的当地有效。从自理粮户口到蓝印户口的变迁过程可以发现，个体的"脱域"开始获得制度的合法性认可。虽然它们都只是介于农业户口和非农业户口之间的一种过渡形式，个体的身份仍然是一种准农业身份，并不真正享受与城市户口同等待遇。但是这些制度毕竟突破了原有户籍制度的限制，对促进个体的流动和"脱域"起了积极的作用。

（三）从小城镇到大中城市：个体"脱域"的合法性边界

自20世纪90年代中期以来，随着市场经济体制的逐步建立，大量农村人口进入城市工作和生活的事实已经难以改变。作为个体流动主要区域的小城镇因其户口之间的权益差距相对较小，成为户籍制度进一步改革的切入点。1993年11月，党的十四届三中全会确立了对小城镇户籍制度进行逐步改革的目标。随着试点工作的推进，1997年6月，国务院批转了《完善农村户籍管理制度意见的通知》和《小城镇户籍管理制度试点方案》，批准实行一种居住地登记户口的原则，规定只要在小城镇有合法居所并且居住满两年的，可以办理城镇常住户口。小城镇户籍制度改革迅速在全国推行。这种改革初步打破了农业户口与非农业户口的界限，但是个体的流动与"脱域"的合法性并不是在全国范围有效,而是有着具体的边界。这种边界体现为小城镇的全面放开准入、大中城市的"取消限额,条件准入"和特大城市的"筑高门槛,开大城门"。

户籍制度的改革过程有两个特点:第一,户籍制度改革是一种政府主导行为,反映了政府的政策偏好,个体的"脱域"既是一种自主选择,更是政府自上而下推动的结果。户籍制度的最初产生源于政府控制人口流动的初衷。在制度改革过程中,政府在市场发展的冲击下依然严格限制人口的流动,只是程度有所减弱,从传统人口流动的"指标管理"变成了"准入条件"的管理。从学历、住房到个人收入,国家通过这些准入条件的层层筛选,既满足了个体流动的需求,也实现了对流动人口的数量和质量的筛选。"界定身份—区分差别—建构秩序"正是国家实现社会整合的逻辑。通过把个体区分为农业户口与非农业户口,并配套相关权益制度以凸显差别,再把不同身份的人嵌于社会结构中的不同位置,从而实现国家的有序和稳定。户籍制度改革的第二个特点是其政治功能的减弱。户籍制度制定的初衷主要是出于限制人口流动、维护社会稳定的政治功能。大量人口流动一方面造成个体流动的既成事实,另一方面也冲击瓦解了与户籍制度配套的社会福利和保障制度。户籍制度的改革并不是简单地取消农业户口和非农业户口的称谓,更为重要的是弱化其社会控制的政治功能而逐渐凸显其经济功能。个体"脱域"的合法性虽然已经构建,但是个体真正实现"脱域"的事实过程还有待进一步完成。

第三节　户籍制度变迁中的个体脱域

户籍制度的变革赋予社会流动以合法性,促使了个体的"脱域"。社会开始出现能够自由流动的资源和个体自由流动的空间。在这一层面,社会的个体化演进主要表现为个体在社会流动的过程中，不断地从"大家庭庇护"、从固化的社会分层结构的脱离。个体从熟悉的地域共同体逐渐脱离，走向一个更多自由选择和更多不确定性的个体化社会之中。

一、个体从"大家庭庇护"的脱离

许烺光用"祖荫下"的大家庭理想来描述传统中国社会中个体对家庭、宗族的依赖关系。这种"祖荫"主要表现为宗族、父辈对子女幼年时的衣食供给，帮助其成家立业，更包括以一种祖传的方式对个体进行教育，以把他们培养为在既定地域内拥有固定文化习俗和传统的相类似的人。个体在享受"祖荫"庇护的同时，也受到"祖荫"同一模式的深深束缚。随着社会的发展，熟悉的地域共同体中的邻里关系、职业群体逐渐发展成为新的"祖荫"庇护。因此，我们把"祖荫"、传统邻里关系、职业单位对个体的庇护统称为"大家庭庇护"。在大家庭的庇护下，个体一方面有依靠和安全感，但同时要围绕大家庭的大目标进行生活。荫庇之下，只有大家庭的"大我"，个体的"小我"较少被关注。在社会个体化演进过程中，户籍制度改革使个体获得了社会流动的合法性认可，个体逐渐走出了大家庭的荫庇。社会的个体化主要表现为社会流动过程中个人与家庭关系的变化、邻里关系的疏远和个体职业选择的多元化三个方面。

（一）个人与家庭关系的变化

家庭是一个社会的基本单元。在家庭中，老人、年轻人、男人、女人都有自己相应的位置和责任，家庭成员的活动注重与其他成员的密切配合，共同服务于维持家庭正常运转的目标，许烺光则称之为"大家庭的理想"。在大家庭的理想下，强调家庭作为一个整体的特性。为了保证大家庭理想的延续，一是要求家庭成员要有集体精神，二是全体成员都要为一致的目标共同奋斗。① 因此，财产共有和世代居住生活在同一个屋檐下是传统家庭的主要特征。家庭对其成员的庇护还突出表现在教育方式上。无论是五岁的孩童还是二十岁的成年人，他们接受教育的核心内容都是相同的，不是让他们按照自己的意愿和个性发展，而是时刻鼓励他们模仿并实践家庭中的长辈和成年人的生活方式和处事方法。家庭力图通过传统习俗和人情世故的教育来为其成员提供进入社会的庇护和准备。

在个体化社会中，一方面，社会流动性的增加，个体从上学、参加工作到结婚，比之前更早地离开家庭，离开熟悉的地域环境，离开既有的庇护，独自面对一个新的生活环境。另一方面，个体自主性的发展，对家庭的价值、责任、权利和义务有了新的认知。两方面的因素导致个人与家庭的关系发生了巨大的变化。一是家庭成员的义务关系发生了变化。前个体化社会中的家庭更多强调家庭成员对家长、长辈的服从和义务，个体化社会中的家庭则对夫妻之间、亲子之间、代际的义务进行了明确的法律规定。在家庭成员的义务关系中，父母养育子女的义务不但没有减弱，而且还有增强的表现，尤其是在教育方面。子女对父母的赡养义务表现出明显的城乡之别。城市中的多数老年父母退休后有收入，子女在经济负担上较少。农村老年父母由于缺乏经济来源，更多依靠子女提供赡养费用。二是家庭成员的情感关系发生了变化。前个体化社会中的家庭更多强调代际的父子关系情感主线，并且亲属、家族之间交流往来较为频繁。个体化社会中的家庭则把夫妻关系放到了更为重要的位置。由于高度的流动性，亲属、家族之间交流往来大为减少和弱化。这些变化背后的深层逻辑在于：家庭不再决定个体的生活，反过来，个体开始形塑家庭的面貌。曾经关于家庭是某种神圣的生命依托观念变了，个体更多地从自己出发去处理家庭内部的夫妻关系、代际关系、亲属关系和其他关系。家庭的结构、模式更多的是个体自由意志和自主选择的结果，是个体为

---

① 许烺光：《祖荫下》，（台北）南天书局2001年版，第205~208页。

抵御个体化社会中的风险和不确定性而采取的策略和手段。

（二）邻里关系的疏远

五家为邻，五邻为里，是为邻里。邻里关系是一种典型的以地域为基础的人际关系。儒家一直倡导和睦友善的邻里关系，这样的思想观点也为历代统治者所采纳，因为"统治者们极其清楚儒家有关邻里关系的观点对国家掌控百姓、巩固政权以及稳定社会有着重要作用，因此绝大多数帝王对儒家倡导的邻里关系是欣赏的，也不遗余力地对民众进行教化"①。可以说，传统社会邻里关系的形成既受到经济条件、政治条件的制约，也跟儒家思想和统治者的治理术密切相关。直到改革开放前，由于社会流动的限制，社会成员的邻里关系在承续传统的基础上并没有太大变化。传统中国社会成员聚族而居的特点，使得传统的邻里关系表现出与家族联系紧密的特征。这种联系通过地理位置的靠近和社会成员之间的相互交往得以保持。由于社会的封闭，人们世代居住在同一个地方，社会成员之间彼此也世代为邻。在一个相对封闭环境中通过长期交往而形成的邻里关系成为仅次于血缘关系的一种人际关系。在熟人关系和熟人社会中，邻里关系发挥了相互守望、相互帮助的庇护作用，如何处理好邻里关系也成为传统中国家庭教育的重要内容。

邻里关系通过个体之间的社会交往得以维系。随着工业化的发展和社会流动的不断加剧，邻里关系开始逐渐淡化，并且失去了为个体提供庇护的功能。正如涂尔干所说，"我们的行动已经远远超出了群体范围，我们对群体范围内所发生的事情也反应冷淡，一切都因为群体的范围太狭窄了。这就是

① 汤勤福：《秦汉之后邻里关系与礼仪教化》，载《华东师范大学学报（哲学社会科学版）》2021年第4期，第43页。

人们所描述的古老社会结构分崩离析的景象"①。造成现代邻里关系疏远的原因是多方面的：一是人际关系的经济化倾向。随着市场经济的发展，传统社会个体对邻里关系的需求可以通过经济的手段从市场途径获得满足，经济因素取代情感因素成为邻里关系的新纽带。二是住房结构的变化。传统社会的住房多为平房和低层建筑，开放的院墙、宽阔的空间都为邻里的相互交往提供了便利。现代的居住小区楼层越来越高、密度越来越大，住宅空间相对更加的封闭独立，这种结构不利于邻里之间交往活动的开展。三是社会流动的增加减少了邻里交往的可能性。传统社会的邻里关系大多是一种世代相交的熟人关系，因而彼此之间有信任的基础。现代社会是一个陌生人社会，个体流动的频率越来越快，甚至快到邻里之间来不及建立起彼此的熟悉和信任关系。社会流动的增加还可能导致来自四面八方的社会成员居住在一起的情况。彼此的经历、价值观念、习俗、受教育程度、生活习惯等方面的差异，都会妨碍邻里之间的交流与沟通。社会成员生活在彼此隔绝的关系网络中，既存的邻里关系及其庇护功能受到冲击，而新的社会关系与社会网络注定是属于个体的自由选择，与传统的邻里关系呈现出完全不同的特征。

（三）个体职业选择的多元化

新中国成立初期，为了解决之前遗留下来的 400 万失业人员的就业问题，再加上大规模社会主义经济建设的需要，国家推行一种"统包统配"的就业制度，通过行政手段对城镇劳动力实行统一计划、统一招收、统一调配。城镇劳动者就业由政府包揽，劳动力配置靠政府调配，企业无用工自主权，劳动力也无法自由流动。户籍制度的改革打破了社会流动的限制，一部分农民离开农村，率先突破依靠土地生存的谋生方式到城镇创业务工，开启了个体职业选择多样化的进程，个体有了更多的职业选择机会和自主权。

---

① ［法］爱弥尔·涂尔干：《涂尔干文集》（第 1 卷），渠敬东译，商务印书馆 2020 年版，第 40 页。

在职业选择意愿上，个体在现有的劳动物质报酬之外，更加注重个人的能力提升和长久的职业发展，更加注重职业的社会声望和地位，更加注重劳动环境和劳动带来的价值与获得感，更加注重个人理想与社会理想的结合，个体职业选择的意愿更加多元化。在职业类别的选择上，随着第三产业的发展和社会分工的不断细化，新的职业和工作岗位不断涌现，而且还出现了许多没有固定工作时间、工作场所的自由职业，可供选择的职业类别更多更广。在职业获得途径上，由于高度的市场化条件，劳动者之间竞争相对更为公平，个体的学历、经验、知识和能力更加受到重视。只要个体有能力，愿意付出努力，就有机会获得收入更高、社会声望更好的职业机会。当然，高度市场化的就业市场也意味着更加灵活的雇佣关系和更加频繁的职业流动。劳动知识和技能的更新迭代速度更快，个体必须为知识和技能的更新持续投入时间和精力，从而维持自己在就业市场的价值和相对优势。社会流动意味着个体有了更加多元化的职业选择和机会，标准化的职业生涯被可选择的职业生涯所替代。但同时也意味着个体从"大家庭"的各种庇护和福利中脱离出来，需要独自面对各种不确定的职业选择风险并为此负责。

二、个体从固化的社会分层结构的脱离

地域共同体是社会个体化进程的第二个领域。社会的个体化发展到这一阶段，"人的'身份'从'既定的东西'转变成一项'责任'，要求行动者承担执行这项任务的责任，并对其行为的后果（包括副作用）负责。……'阶层'取代了'等级'。后者是一个归属问题（ascription），而成就则是前者成员资格一个非常重要的衡量标准"①。以身份为基础的社会分层结构逐渐被以契约关系为基础的社会分层结构所替代。在这个过程中，个体不再束缚于固

---

① ［德］乌尔里希·贝克、伊丽莎白·贝克－格恩斯海姆：《个体化》，李荣山、范譞、张惠强译，北京大学出版社2011年版，第22~23页。

定的身份，个体与个体、个体与单位之间不再是一种依附关系，而转换成一种契约关系。正是通过在不同领域、行业中流动扮演不同的角色，个体得以从以身份为基础的固化社会分层结构中脱离出来，并通过契约关系，重新建立起以经济为标准的新的社会分层结构。

（一）以"身份"为基础的社会分层结构

身份与契约既是两种不同的社会秩序构成方式，也是维护社会制度的两种重要机制。身份是指个体或群体基于出身而在社会关系和社会结构中所占据的社会地位。把个体或群体的出身和社会地位固化的制度就是身份制度，这也是传统社会一种普遍的社会分层结构和秩序。身份制度通过明确社会成员的出身，来识别和界定个体的地位高低、义务多少、权力大小、彼此之间的关系及其构成的社会结构和秩序。在以"身份"为基础的社会分层结构中，身份既是社会成员生存和发展资源的主要依据和来源，也是彼此之间差异的根源。

中国传统社会的差序格局，体现的不仅是人与人之间的伦理关系，更体现了一种对社会资源进行分配的社会分层结构，因为社会资源的分配主要是按照血缘和地缘进行。个人的身份是由诸如何时出生、父母是谁、居住何处、从事什么职业等社会事实来决定。因此在熟人社会里，个人的身份被常识化。新中国成立后的几十年，国家通过一系列的制度安排打破了传统的差序身份，个体的身份历经变化。不同身份类别的划分不仅是简单的差异区分，而是通过身份制度把个体和家庭、单位、一定的地域联结在一起，并为不同的身份分别配套一系列对应的权益保障措施。家庭出身、公私之别、城乡之间这些因素因其政治上的合法性而取代传统的差序格局成为一种新的身份。所有人为建构的身份制度都有一个共同特征：那就是强化个体身份地位的先赋因素，个体因为外在的先赋因素被牢牢束缚在一种固化的社会分层结构和社会秩序中，难以流动，丧失了能动性、自主性和独立性。

（二）从身份到契约：社会流动与新的社会分层结构

身份更多地体现了社会资源分配的先赋因素，契约则在更大程度反映了理性选择和经济利益的后致因素。从身份到契约的社会分层结构变化，用社会流动取代身份束缚，用后天的个体能动性取代先天因素，实质上是人的解放。户籍制度改革赋予了社会流动合法性，带来了社会流动的增加，人为构建的身份制度逐渐瓦解。身份制度瓦解的过程正是契约兴起的过程。

社会流动的增加对既有的社会结构产生了巨大冲击，原有的阶层开始分化，新的社会阶层逐渐兴起。现实的经济利益差别成为社会阶层结构划分的新依据。以身份制度为特征的既有社会分层结构的瓦解主要表现在以下几个方面：第一，党的十一届三中全会后，党和国家的工作重心转移到经济建设上，指导思想发生了重大变化。第二，随着家庭联产承包责任制的推行，农民可以自由安排生产，自由选择职业，无须通过招工、上学、参军等途径，就能够自由地实现职业和身份的转换。城市单位改革的推进，国有企业开始成为独立的经济利益主体，管理者与普通员工的关系从行政依附关系变成市场经济中的双向选择关系。第三，在所有制的改革进程中，职业不断分化，新的阶层不断涌现，经理人员、私营企业主、专业技术人员、个体工商户、商业服务员工等阶层开始在社会分层结构中占据主要位置。

上述的结构变迁本质上体现的是从身份到契约的社会分层结构变化。家庭联产承包责任制是政府与农民确立契约关系，"统购统销"和"一平二调"制度的取消、所有制的改革、职业的分化是政府和市场经济确立契约关系，劳动力市场的兴起、信贷与金融行业的迅速发展、商品经济的发展无疑都是契约精神的体现。社会个体化演进到这一阶段，个体的"脱域"主要表现为从僵化的身份制度、从固化的社会分层结构的束缚中脱离出来，通过自己的努力实现其在社会阶层结构中的流动和上升。

需要注意的是，是国家和市场的合力塑造了社会个体化进程中个体的

"脱域"。由于个体和社会结构两方面流动性的不断增加，促使个体离开曾经熟悉的环境，不断地从"大家庭庇护"、固化的社会分层结构中脱离出来。个体一旦脱离熟悉的地域共同体，进入到一个新的陌生环境，就必须学会如何作为一个单独的个体来面对社会，抵御风险。个体"脱域"的过程，既意味着个体从各种既有社会形式的脱离，也同时意味着标准化的人生、参照图式和角色模式的转变。

当然，个体的"脱域"过程，并不意味着个体对环境和结构、制度等依赖的消失，而只是意味着个体的这种依赖由一元变成了多元。当社会成员在行为过程中从依赖于某一个环境系统发展为依赖多个环境系统并与其发生社会互动关系的时候，社会成员就从依赖的关系和情景中解放出来，获得了自主和自由权利。

第四章

消费主义与价值观念的个体化

"去魅"在社会个体化理论中有着特殊的含义。它是社会个体化的三个维度之一，意指个体与实践知识、信仰和指导规则相关的传统安全感的丧失过程。贝克用"自我文化"来描述"去魅"的社会结果。"自我文化意味着去传统化，从既定的确定情境和支撑体系中释放出来。人们的生命历程变成一次充满风险的探险"①。在中国社会个体化的前两个领域，社会个体化的演进更多地体现为个体从既有社会结构的"脱嵌"，个体的价值观念并没有真正个体化，也没有产生自我文化。直到 20 世纪八九十年代以来消费主义的兴起，中国社会的个体化才演进到"去魅"的维度。

---

① ［德］乌尔里希·贝克、伊丽莎白·贝克－格恩斯海姆：《个体化》，李荣山、范譞、张惠强译，北京大学出版社 2011 年版，第 54 页。

消费主义的兴起是中国社会个体化进程的第三个关键节点。经济发展的不同时期，受生产力水平、收入水平等因素的影响，国家对消费调控的手段、方式不同，形成一系列的消费政策。消费政策或鼓励，或抑制，影响消费的经济环境、调节消费市场、引导社会的生产和个人的消费，进而对个人的价值观念产生巨大的影响。新中国成立后，国家的消费政策在继承传统消费文化的基础上，经历了一个从"重积累轻消费"到"扩大内需、刺激消费"再到"鼓励消费与可持续消费并重"的演变过程。消费主义在国家激励消费的一系列制度措施中兴起，改变了个人的消费模式，增强了个体的权利意识，成为一种新的社会分化机制，对个体的价值观念产生了重要影响。

第一节　中国传统消费文化及其特征

在漫长的历史进程中，中国在独特的自然环境和社会历史条件下创造出了的辉煌灿烂的文化传统。这些文化传统深刻影响着人们的消费模式和消费习惯，进而形成了集体主义的消费文化。在个人与集体的关系问题上，集体主义是指一种强调集体利益优先于个人利益、个人需置身集体之中才能实现其自身价值的思想观念。早在原始社会时期，人类的群居生活就已经开始孕育集体主义的思想火花。集体主义的消费文化是在传统小农经济和大一统的政治思想文化背景下形成的，表现出以家庭和宗族为消费单位的等级消费特征。

一、中国传统消费文化的形成

集体主义消费文化是以血缘和地域为纽带的宗法制度在消费价值观念上

的体现。在传统社会，消费并不是简单的自由选择。作为差序格局的个体，每个人都是集体的一部分。由近及远，由亲到疏，渐次延伸，一个个小集体形成更大的集体。一个家庭是一个集体，一个宗族是一个集体，整个国家也可被视为一个集体。个人的消费深受集体的约束。

在很长的一段历史时期，"消费"一词意指浪费、消磨，含有一种贬义的道德评价。直到18世纪以后，"消费"一词的贬义色彩才逐渐消退，成为一个与"生产"相对应的中性概念。消费文化则是指社会消费活动所表现出来的各种文化特征的总称，既包括文化中影响人类消费行为的部分，也包括文化在消费活动中的具体存在形式。特定时期、特定人群消费文化的形成不仅受制于经济发展水平，政治制度、传统文化和大众传媒都会对其产生影响。中国传统的消费文化是一种以节俭主义和等级思想为特征的集体主义消费文化，个体消费的主要特征是以俭为主，反对奢侈浪费。在不同社会成员之间重视等级差别，主张按照不同的等级标准进行消费。传统消费文化的产生有着特定的经济社会根源和思想根源。

首先，集体主义的消费文化是小农经济解决生产与消费矛盾的必然产物。自给自足是小农经济的主要特征，传统农业社会由于生产力水平低下，加上小农经济本身的脆弱性，社会产品一直处于匮乏状态。生产的目的不是为了交换，而是为了直接满足家庭的生存需要和维持简单的再生产。因此，节俭就成为农业社会中特殊的消费文化。对个体而言，节俭是应对风险的最大保障。对统治阶级而言，推行节俭主义才能在社会产品匮乏的条件下，通过抑制民众的物质需求来满足统治者的奢侈生活。中国的思想史上很少有像西方经济学家那样专门对消费问题展开研究，但有很多关于消费文化的独特理论。从儒家唯"礼"是从的等级消费观、道家清心寡欲的无为消费观、法家去奢从俭的消费观到佛家的禁欲主义，再到历朝历代思想家关于群己、公私的论辩，无不体现了传统中国消费文化节俭和禁欲的特征。中国传统消费文化中的节俭主义还体现为对追逐个人欲望的奢侈消费行为的批判。传统伦理把个体存在的意义预设为道德上的自我完善，强调个体行为的道德性和精神的崇高性，否定个体对自身欲望和物质资料的追求。

其次，"三纲五常"的伦理规范弱化了个体价值，强化了等级思想和服从意识。中国自古就是一个大一统的国家，与政治的大一统相匹配的是一整套以"三纲五常"为核心的尊卑等级分明的价值体系。在"三纲"中，君、父、夫处于尊上地位，代表国家和家庭。臣、子、妻则处于一种单向的服从地位。个体被束缚在等级分明的人伦格局之中，丧失了独立的人格和主体性。在"五常"中，"仁"强调的是主体对他人的义务，"义"强调的是社会规范对个体自身的约束。自身存在的意义在于克制欲望以符合社会的规范，等级思想和服从意识在这一过程中得到进一步强化和巩固。

最后，"天人合一"思想为整体主义价值观提供了合法性论证。与西方文化天人二分、强调要征服和改造自然以求得自身发展不同，在人与自然的关系问题上，中国传统文化把天人和谐作为最高的价值追求。"天人合一"的思想对传统消费文化产生了巨大的影响。"在人与自身的关系上，中国传统消费文化强调精神理性对肉身欲望的超越、深度关怀人的精神家园，……在物质追求上，要求人们节制个人欲望，提倡简约而健康的生活；……在精神追求上，注重通过个人修养以通达人格完善和崇高的精神境界。"[1] 天人合一的思想被统治阶级用来论证整体主义价值观念的合法性。"天"高居人上，皇权天授并代表天施行统治。从皇权往下，逐级受命，一切价值合法性均根源于天。以君、父为代表的等级制度获得了不证自明的正当性。人是作为整体而存在的，个体不具有独立性，必须从属于整体。在这个过程中，整体也获得了高于个体价值的地位。

---

① 李雨燕：《新时代中国消费文化创新的价值维度》，载《江汉论坛》2021 年第 4 期，第 121 页。

二、中国传统消费文化的特征

中国传统消费文化是一种集体主义的消费文化，其特征主要表现为两个方面：

一是以家庭和宗族为单位的集体消费行为。由于生产工具简陋和劳动分散，小农经济十分脆弱，难以抵御自然灾害，因而形成了以家庭为单位的基本生产方式。家庭联合形成宗族，互相协作，共同生产，进一步形成了以血缘关系和地域关系为纽带的宗法制度。家庭既是基本的生产单位，也是消费单位。自给自足是小农经济社会消费的基本特征，"农民家庭差不多生产了自己所需要的一切：食物、用具和衣服"①。由于生产力水平低下，再加上"重农抑商"政策的推行，社会成员的消费结构单一，水平十分低下。

以家庭和宗族为单位的集体消费活动中，个人依附于家庭和宗族，作为一个共同的消费体，没有个性化的消费。家庭、家族是一个财产的共同体，家长、族长拥有绝对权威，按照"尊卑有别，长幼有序"的原则，根据个体在家庭和宗族的身份地位对消费资料进行统一分配。家、族的需求大于个人需求，个体没有经济的自主权，因而也就不存在个体化的消费方式和消费行为。家庭和宗族在长期发展过程中，形成了固有的消费习惯，反映出一种共同的价值观念和消费倾向。这也必然导致家庭、家族成员消费的趋同性。家庭、家族不仅是生产和消费的基本单位，同时更承载着个体生存的动机和意义。个体的消费行为不仅是为了满足自身需求，更是为了延续后代。因此，中国人特别重视子女的教育并愿意为此花费大量资源。因为子女的消费并非个人行为，而是蕴含着传宗接代的使命和光耀门楣的责任。

二是等级消费。传统中国社会是一个等级森严的社会，政治上的等级秩

---

① 恩格斯：《反杜林论》，人民出版社 2018 年版，第 295 页。

序和经济上的等级占有，同样会在社会的消费活动中体现出来。无论婚丧嫁娶，不同身份和地位的人都必须严格遵守森严的消费等级差别。即使经济条件具备，也不能逾越所在阶层的消费标准。个体的衣食住行，都有一整套必须遵守的礼仪规范。在饮食方面，王公贵族讲究"牛宜秣，羊宜黍"，百姓的日常饭食则以豆饭为主。在服饰方面，不同的人在不同的场合如何穿着，有一整套的服饰制度与文化。象征皇权的"黄"色是帝王专用，其余人不得"僭越"。在《论语·八佾》中，孔子指责季氏八佾舞于庭，"是可忍，孰不可忍也"，其依据也正是如此。消费文化的这种差别不仅是经济条件的差别，更是皇权与官僚制度的等级体系在消费领域的体现。表面上是为了保障社会稳定，调节和维护社会消费秩序，实则是通过"节俭主义"的主流意识形态教化民众抑制欲望，安分守己，从而维护统治者的权力等级秩序。

第二节　消费主义的兴起与特征

　　新中国成立以来，我国消费政策的演进大致经历了一个从抑制消费、调节消费到刺激消费的过程。计划经济时期，为了促进积累，大力发展工业，国家采取一种抑制消费的政策措施。改革开放后，随着市场经济的进一步发展，国家围绕"扩大内需、刺激消费"和"鼓励消费与可持续消费并重"的目标，通过实施积极的财政政策与稳健的货币政策、调节收入分配政策、改善消费环境等具体措施，不断刺激消费。个体的经济状况、生活方式和与之相关的消费价值观念逐渐发生了变化，中国的消费革命正悄悄来临。消费主义在 20 世纪 80～90 年代的三次消费革命过程中逐渐兴起。消费主义的兴起对传统的集体主义消费文化形成猛烈冲击，节俭主义被追求财富的享乐主义所替代，知足常乐被个体努力积极进取追求幸福的观念所取代。消费与生产开始分离，个体的消费观念、消费方式都发生了显著变化。以节俭主义和等级思想为特征、以依附性的宗法血缘关系为基础的消费价值体系逐渐被以独立人格为基础、自由平等的消费价值体系所取代。

一、消费主义的理论背景

消费主义是西方社会由现代迈入后现代的过程中所形成的特定消费文化，是一整套包括信用消费、大众传媒和商品符号化在内的社会机制综合作用的结果。消费主义传入中国的过程中，对中国传统消费文化的节俭主义、人性观和对消费本身的认识形成了猛烈冲击。

（一）消费主义的理论及其产生机制

随着西方国家经济的进一步发展，在资本主义初期发挥了重要作用的新教伦理精神开始消解。早期那种对社区和家庭的重视、对勤俭精神的推崇和对积累财富的认真逐渐变得不重要，取而代之的是以分期付款、信用消费为特征的享乐主义观念的盛行。个体摆脱了新教伦理禁欲苦行精神的束缚，要求实现自身价值并展现个性。在现代社会进入后现代的过程中，逐渐形成了特定的消费主义文化。洛文塔尔是消费主义理论的先驱，最早展开消费行为中关于"生产偶像"到"消费偶像"转变的研究。凡勃伦在《有闲阶级论》中提出了"炫耀性消费"的观点，指出消费的目的不是为了生存，"要获得尊荣并保持尊荣，仅仅保有财富或权力还是不够的。有了财富和权力还必须能提出证明，因为尊荣只是通过这样的证明得来的"①。鲍德里亚认为消费不再是一般意义上的物质实践，而是主体与客体、集体和世界建立联系、确定关系并获得身份建构意义的过程，是社会自我表达的方式。"在某种程度上，

---

① ［美］凡勃伦:《有闲阶级论》，蔡受百译，商务印书馆 2019 年版，第 30 页。

消费唯一的客观现实，正是消费的思想。正是这种不断被日常话语和知识界话语提及而获得了常识力量的自省和推论"①。布迪厄也把消费视为阶级群体进行社会区分的手段。总之，消费主义代表了一种新的价值观念和生活方式：消费的目的不是为了满足商品使用价值对个体的生理需求，而是通过消费商品的符号和文化价值来不断满足个体被刺激、被制造出来的欲望。个体还通过消费商品的符号价值来实现社会区分，构建新的认同，并以此作为个体自由、自我满足的生活目标和人生价值。

消费主义的形成，并非源自个体的生理需要，而是一整套包括信用消费、大众传媒和商品符号化在内的社会机制综合作用的结果。随着生产社会向消费社会的转变，大规模的消费和高水平的生活获得了合法性认可，消费逐渐取代生产成为最主要的事业。以大众消费为特征的福特主义开始向消费主义的后福特主义转变。福特主义大批量、标准化的生产是基于未分化的大众消费市场的定位，提供给消费者的是同质化、齐一化的产品。后福特主义则瞄准个体的独特性，把大众消费推向了消费主义。在个体收入水平有限的情况下，为了进一步促进消费，分期付款和信用卡消费的新方式被制造发明，以此鼓励个体提前消费、超前消费。消费至上逐渐成为个体的生活准则。在消费主义的兴起过程中，大众传媒起了推波助澜的作用。大众传媒通过广告、影像、商业文化和艺术等形式，把新的消费对象、消费方式和消费文化传递给社会成员，刺激大众的消费欲望。由于经济水平的发展，个体的物质需求获得满足后，商品的文化、符号和象征意义的消费就变得尤为重要。生产者赋予商品以某种文化的意义，大众传媒则充当了消费者和商品符号意义的中介。大众传媒通过对商品的象征意义而不是使用价值的宣传，努力塑造出不同的消费形象，不断刺激个体新的消费欲望。

---

① ［法］让·鲍德里亚：《消费社会》，刘成富、全志钢译，南京大学出版社2014年版，第199页。

（二）消费主义对中国传统消费文化的冲击

改革开放以来，中国经济飞速发展，用几十年的时间走完了西方国家上百年的发展历程。再加上地域经济发展的不平衡，中国社会呈现出前现代性、现代性和后现代性同时并存的特征。一方面，前现代社会的集体主义消费文化仍然对个体产生巨大影响；另一方面，消费主义逐渐传入中国，对传统的集体主义消费文化形成猛烈的冲击。

首当其冲的是节俭禁欲的消费观念。西方社会在工业化发展初期也实行一种新教伦理式的禁欲主义，但随着工业化的迅猛发展和生产过剩的出现，禁欲主义迅速被倡导消费和享乐的消费主义所取代。改革开放后，消费主义传入中国，极大地冲击了节俭禁欲的消费文化。传统社会节俭主义消费文化的合理性建构被打破，在工商业较为发达的地区，个体开始质疑和反对节俭主义的消费文化。沿海城市开始出现模仿西方社会生活和消费方式的现象，"富人阶层追逐西方各类消费品，向往居住洋楼，终日出入赛马场、游乐场，徜徉于歌楼舞馆场所"①。

消费主义还对传统消费文化中的人性观造成了冲击。消费主义以个体的解放和自由为基础，肯定个体的物质需求，并鼓励个体通过努力追求自身利益来实现社会的繁荣。这种肯定人性的观念对中国长期以来存在的"存天理，灭人欲"的禁欲主义形成了挑战。传统社会的消费文化中，个体对物质利益和经济生活的追求被伦理规范所抑制。个人主义、功利主义的传播，对个人奋斗成功的合法性肯定，更是强烈冲击了以家庭和宗族为单位、缺乏个性的传统消费文化。

消费主义对传统消费文化最大的冲击莫过于对消费本身的认识。消费主义从促进生产的角度来认识和对待消费行为，这与关注消费伦理价值的传统

---

① 赵吉林：《中国消费文化变迁研究》，经济科学出版社 2009 年版，第 88 页。

消费文化形成了鲜明的反差。消费主义关注消费的经济效益，关于消费的争论主要围绕是以禁欲主义的消费观来推动经济增长还是通过刺激消费来拉动经济增长。中国传统消费文化更加关注消费的伦理价值，个体的消费行为与尊卑有别、等级分明的森严秩序密切相关。金钱取代身份成为社会区分的新标准，消费的差异不再与伦理等级规范相联系，消费本身就是目的。

二、消费主义在中国的兴起过程

改革开放以来，中国社会成员的消费生活发生了三次大的变革。第一次消费革命发生于 1979~1984 年，是由农村改革引发的，居民消费生活的变化主要表现为以实现温饱为目标的消费资料数量的增长。第二次消费革命发生于 1985~1988 年，由城市改革所引发。居民的物质消费水平进一步提升，精神文化消费也得到较快增长。第三次消费革命是指 1992 年推行社会主义市场经济以来居民消费的变革。第三次消费革命开始呈现出消费主义的特征。在消费主义的形成过程中，现代媒体发挥了解构集体消费单位、刺激消费、传播并制造新的消费文化的巨大作用。

（一）20 世纪 80 年代的两次消费革命

党的十一届三中全会确立了以经济建设为中心的发展目标，个体的自主消费行为开始在社会中取得合法性认可。随着 20 世纪 80 年代以来消费品票证制度的逐步取消，个体面向市场自由选购商品和服务开始成为消费的主要形式。消费的第一次变革发生在农村。农村家庭联产承包责任制的推行和经营方式的调整解放了农业生产力，农民收入大幅度增长。富裕起来的农民掀起了消费革命的第一次浪潮。本次消费革命以对轻工业产品和食品等消费资料数量的增长为主要特征。由于农民拥有了生产的自主经营权，加之国家开始减少农产品的征购并大幅度提高农产品收购价格，农民消费支出水平大幅度提高。轻工业得到发展，日用工业品有了广阔的消费市场，消费品供不应求的局面得以缓解。正是在这种背景下，居民的消费需求在 1979～1980 年间增加了 22%，远远超过同一时期 15.3% 的消费供给增长。①

农村改革的成效推动了城市改革的进程。1984 年，国家开始了以企业改革为重心的城市经济体制改革，在金融、商业、工资和价格领域广泛地引入市场经济体制。城市中的非公有制经济和农村乡镇经济获得迅速发展，直接结果是城镇居民收入的大幅度增加。在此期间国家还放松了大众传媒关于消费相关报道的限制，报纸和杂志对消费相关内容进行了大力宣传，这对普通消费者形成了一定的引导作用。所有这些因素叠加在一起，促成了消费革命的第二次浪潮。一方面，居民的物质消费水平进一步提高，收音机、缝纫机、手表"旧三大件"开始向冰箱、洗衣机、电视"新三大件"升级换代。另一方面，居民开始寻求教育、旅游、娱乐、通信等精神方面的休闲消费需求的满足。随着经济水平的发展，不同地区、行业的收入差距显现，居民的消费开始出现分化。个体户、私营企业主、专业技术人员和政府员工的消费水平不断提升，部分低收入阶层仍然面临着如何摆脱贫困的窘境。社会各阶层的收入差别日渐显性化，消费水平差距开始拉大。

（二）第三次消费浪潮与消费主义的兴起

1992 年邓小平南方谈话后，市场经济的深入发展带来新一轮的经济增长。同年 10 月，党的十四大明确提出经济体制改革的目标是建立社会主义市场经济，正式确立了市场、消费的合法性。居民的消费水平进一步提升，消费结构发生新的转型。之所以说第三次消费革命才具有消费主义的特征，是基于三个判断因素：买方市场的出现、商品符号价值的凸显和消费保护运动自组织的兴起。

---

① ［美］阎云翔：《中国社会的个体化》，陆洋等译，上海译文出版社 2016 年版，第 240 页。

消费主义本质上是一种产品过剩的经济，买方在经济活动中占据主导地位。中国从传统农业社会到改革开放前，一直是一种产品短缺的经济。供给和需求之间的紧张关系在20世纪90年代初才开始改变。到1998年，600个主要消费品种的84%达到供需平衡，供过于求的占14%，没有短缺的消费品种。[①] 消费者有了更多的选择空间和更大的讨价还价余地。"顾客就是上帝"的观念深入人心，卖家开始采取各种打折和促销活动，一个充分发育的买方市场已经出现。

随着经济水平的发展和物质生活条件的改善，食品等生活必需品的开支占居民消费支出的比率不断降低，恩格尔系数逐年下降。更为关键的是消费开始成为居民日常生活的一部分，个体在消费的过程中开始关注商品的象征意义和符号价值。移动电话、互联网等一些消费品开始具有社会地位的象征功能。随着服务业的发展，教育、信息、文化、娱乐等非物质形态的服务成为消费的对象，商品成为消费系统中的符号，体现的不仅是商品本身的使用价值，更是人为建构的符号价值和意义功能。个体开始凭借商品的符号和象征价值的消费来重新定义其社会身份与地位。

自组织是消费主义文化中个体权益保护的重要载体。随着买方市场的兴起，个体有了选择和自主权，更加关注商品和服务的质量，逐渐开始对假冒伪劣商品和低水平的服务质量提出抗议。1983年5月，在河北省新乐县成立了第一个地方消费者协会。1984年12月，成立了全国性的消费者权益保障组织——中国消费者协会。在政府和消费者协会之外，许多居民还自发组织了各种民间自治组织，维护个体在消费活动中的合法权益。

（三）消费主义兴起过程中现代媒体的作用

随着经济水平的发展和技术条件的进步，卫星广播电视、网络等现代传

---

① ［美］阎云翔：《中国社会的个体化》，陆洋等译，上海译文出版社2016年版，第243页。

媒快速兴起。现代传媒具有传统报纸、杂志等纸质传媒无可比拟的新特性：数字化的传播方式、可视化的效果、双向交流互动和点对点的个性化设计。现代传媒的这些新特征在消费主义的形成过程中发挥了重要作用：消解以集体为单位的消费、刺激个体消费、传播并制造新的消费文化。

消解以集体为单位的消费行为、刺激个体消费是消费主义文化形成的基础。中国传统的消费文化是以家庭和宗族为单位的集体消费，同质性强，个体消费欲望被抑制。现代传媒通过商品广告播放各种对个体产生强烈感官刺激的图像、声音、画面，引导个体从集体消费的同质化需求中释放心底的消费欲望，追求一种个性化的、享乐主义的消费。另一方面，现代媒体通过时事报道、娱乐新闻和各种奇特的语言、文字吸引受众，让他们感知并接受媒体所传播的信息。这些信息不仅是商品本身，更包含特定的价值理念、消费观念、审美情趣、风俗习惯、特定的文化和生活方式。随着宗族等集体组织的式微，家庭和个人的自主性得以凸显，个体拥有更多的消费自主权。面对商品广告的诱惑和现代媒体铺天盖地的宣传，个体原有的节俭主义消费观受到强烈冲击。

在传播特定的消费文化之外，现代媒体本身也制造新的消费文化。通过将美丽、浪漫、奇特等文化符号巧妙地与商品融合在一起，给商品附加新的形象，进而凭借这种形象和符号倡导一种新的消费观念，刺激个体的欲望，引导个体的消费行为。钻石广告就是最好的例证，钻石本身是矿石的一种，其使用价值主要表现为高硬度、强折射和高色散的物理特性。但"钻石恒久远，一颗永流传"的广告宣传，赋予了其爱情的符号价值。钻石的高硬度被符号化为爱情的坚贞不渝，钻石的纯净被符号化为爱情的纯洁，钻石的璀璨被符号化为爱情的炽烈。唯美的画面、煽情的言语随着被符号化的钻石一起，成为爱情的象征，勾起了个体强烈的消费欲望和需求。一颗小石头在现代媒体的符号化作用下，被成功地制造为个体文化消费的新欲望。

三、消费主义的特征

与传统消费文化相比，消费主义是一种全新的消费文化。消费主义打破了传统文化对"消费"的固有观念，赋予个体消费行为以合法性，实现了生产与消费主从关系的转换。消费主义还建构出作为"个人自由"符号的消费空间。在建构出来的消费空间中，消费者信用取代了人际信用，成为个体消费活动的重要准则。这种转换后的消费者信用模式又反过来进一步促进了消费主义的发展。

（一）生产与消费主从关系的转换

无论是在中国传统的消费文化中，还是在西方古典经济学中，"消费"一词都略带贬义。消费被视为一种满足个体生存和再生产不得已而为之的行为，个体的消费欲望被抑制，消费被视为存在的手段而非目的。在以生产为中心的社会，个体的消费对象、消费方式和消费观念都由生产方式决定，消费只是再生产的一个环节。消费主义则彻底推翻了传统消费文化的逻辑，赋予消费和消费行为以合法性、正当性。消费成为生产过剩经济下刺激经济、拉动发展的主要动力。另外，消费成为个体的生活方式，消费本身从手段变成了目的。消费和生产的主从关系被颠倒过来，社会由生产支配转为消费支配。

这种转换还体现在作为生产过程的劳动和消费对象的劳动产品的分离，消费品和消费行为成为独立的过程。劳动作为人类的活动，对个体的重要意义主要来源于个体与其创造的劳动成果的直接联系。随着消费社会劳动分工的不断深入，劳动成果与劳动者逐渐分离，劳动产品成为独立的客观存在，与劳动者的联系被切断。由于劳动过程被分解，参与同一产品创造的人越来越多，个体在整个劳动产品制造环节的作用越来越小。尤其是在机器大生产条件下，产品被大批量、标准化生产出来。生产的每一个环节都被机器严格控制，带有劳动者人工的痕迹被剥离。分工的细化使得劳动产品创造的中间过程不断增加，在最终劳动产品生产的过程中，出现了许多独立的产品，劳动者与最终产品的距离越来越远。正如卢卡奇所说，"劳动过程越来越被分解为一些抽象合理的局部操作，以至于工人同作为整体的产品的联系被切断，他的工作也被简化为一种机械性重复的专门职能"①。随着第三产业的迅速发展，越来越多的产品和服务以非物质化的形式表现出来。知识更加专业化、精细化，劳动者对商品生产过程的掌握变得更加遥不可及。个体作为生产者，与劳动产品日益分离，劳动生产过程被去意义化。个体只有作为消费者，才重新与以琳琅满目的商品形式出现的劳动产品发生新的联系。

（二）作为"个人自由"符号的消费空间

个体总会为自己的活动设定一定的空间范围和边界，消费活动也不例外。但问题的关键不在消费空间本身，而在于消费空间的建构秩序、关系和结构。原始社会初期，由于集体狩猎的需要，消费与生产空间尚未分化。农耕时期，家庭开始成为私人的消费空间，但其生产与消费活动在空间上存在很大程度的重合。工业化彻底把生产空间从家庭剥离出去，家庭成为真正独立的消费空间。消费主义则进一步实现了消费区域和居住区域的分离，消费空间成为"个人自由"的符号场所。传统消费文化也为个体提供公共的消费空间，但更多的是以群体活动等集体的形式。消费主义则通过创造新的空间，把个体从集体活动的空间束缚中解放出来。消费主义催生的大型商场，就是消费空间"个人自由"符号的典型例证。与传统消费文化中抱着实用目的去商店购买东西不一样，消费主义下的商场把消费者暴露在大量的商品信息之下，同时又消解了当场购买的目的性。在商场，"逛"和"买"是混在一起的，个

---

① ［匈］卢卡奇：《历史和阶级意识——关于马克思主义辩证法的研究》，杜章智、任立、燕宏远译，商务印书馆 2004 年版，第 152 页。

体没有明确的购买目标，有的只是一种"自由购物"的感受和体验。作为消费者，有进出商场的自由，有选择和决定是否购买产品的自由，商场成为消费者"自由"的符号和象征。消费主义的商场建构摒弃了传统消费的讨价还价环节，代之以一种固定的价格制度，从而营造出消费面前"人人平等"的价值原则。商场还改变了消费的性质：品种繁多的商品本身就是令人愉悦的景观、形象符号，不断刺激个体的想象，带来享乐主义的感受。在商品之外，几乎所有的大型商场都装修豪华，营造出一种舒适的环境。商场的功能也更加多样化，从衣食住行到休闲娱乐，应有尽有。个体的购买行为从讨价还价的交易变成了一种自由的、个性化的消费活动。消费主义正是通过不断为个体提供不同内容和形式的特殊消费空间，传输一种鼓励追求个人幸福、享乐和自由的价值观，从而进一步解构了强调奉献、节俭的传统消费文化。

（三）从人际信用到消费信用：消费社会的信用模式

信用是指人类交往行为中"一切涉及承诺与践约、规定与遵守的特定关系、守约遵规的道德意识和规范、履约行为的品质以及由此获得的置信程度"[①]。信用既为交换活动所必需，同时也是交换活动的重要原则。儒家把"信"列为"五常"之一，十分重视信用在人际交往中的作用。传统社会的信用观念一直延续至今。在中国传统社会和计划经济社会，消费活动通过血缘、地缘等人际关系建立起彼此间的信用关系——人际信用：在社会成员长期的人际交往过程中，在相互熟悉和信息对称的条件下发展起来的信用关系。熟人社会中的人际信用有其独特的意义和作用，它与产品短缺社会相适应，构成个体抵御风险的一道重要保障。但是在现代社会中，人际信用也有其局限性：一是人际信用受人际交往的范围和彼此间互惠关系的影响大，有较强的不确定性；二是融资的额度相对较低，无法有效满足现代社会中个体差异

---

① 王淑芹等：《信用伦理研究》，中央编译出版社 2005 年版，第 6 页。

多样的消费需求。

消费主义为了克服传统人际信用的不足，代之以一种制度化的、范围更广的消费信用。消费主义的背后是一个生产过剩的社会，促进消费是其主要目的。而传统的人际信用因为融资范围窄、力度小、确定性低，不能满足消费社会个体日益增长的物质欲望对消费的需要。消费主义鼓励个体提前消费，过度消费。在个人收入既定的条件下，消费者信用是最合适的制度性措施。在消费者信用中，个体可以通过制度性的渠道向金融机构贷款。个体的融资能力首先取决于个体的可预期收入。其次还取决于个体的信用记录，只有良好的信用才能在系统化、制度化的融资渠道中获得足够的融资额度。消费主义兴起以来，国家实施了一系列促进内需扩大消费的政策，其中很重要的一条就是个人信贷政策。个人通过向银行等金融机构贷款，用于住房、购车、教育、旅游等方面的消费活动。这种消费行为在传统的人际信用关系中是无法完成的。消费者信用使得个体能够预支自己的未来收入，提前进行消费，实现消费活动和生活方式的转变。

人际信任以特殊的、具体的方式存在于既定的范围之内，消费者信用则是普遍的、抽象的广泛存在。个体凭借人际信用在制度性渠道之外能够获得的经济支持十分有限，一般是以解决生存和生活必需为目的。而个体凭借消费者信用在制度性的渠道中可获得的经济支持则更大、更多、更具确定性。消费主义实现了人际信用模式的转换，转换后的消费者信用模式又反过来为消费主义提供了有力支持。

第三节 "去魅"：消费主义对价值观念
个体化与自我文化的建构

从解决温饱到表现个性的消费，从满足生理需求的使用价值的消费到符号和意义的消费，消费主义的兴起引发了社会成员价值观念层面的深刻转变。这种转变是社会个体化进程的一个重要维度——去魅。个体价值观念的去魅不是单独发生的，它存在于个体的每一次脱嵌和重新嵌入的过程。中国社会个体化的进程在这一阶段表现为个体化的价值观念取得国家的合法性认同，社会成员的价值观念越来越个性化，自我文化逐渐兴起。

一、消费主义对价值观念个体化的合法性建构逻辑

（一）传统消费文化与国家目标

个体的存在除了基本生理需求的满足外，还"必定要寻找其获得生存下去的正面意义，必须具有某种使人与其环境相协调的'意义系统'作为支撑"①。这种意义系统，也可称为意义供给机制，它为个体提供有关世界和人生的终极意义。正如丹尼尔·贝尔所说，"每个社会都要建立一套人们靠之能将自己与世界联系起来的意义系统。这些意义详细规定了一整套目的，或者像神话和仪式那样……这些意义存在于宗教、文化和工作中。这些领域内意义的丧失造成一系列理解的缺乏，这种缺乏让人们无法忍受，迫使他们尽快地去寻求新的意义，以免只剩下虚无感或空虚感"②。在传统的消费文化中，消费是围绕国家建构的目标展开的，消费只是手段。消费主义用世俗化的消费行为本身代替了国家建构目标，为个体化的消费价值观念提供合法性论证。

在任何社会和历史时期，个体的消费欲望都会受到某种外力机制的调节。

---

① 王宁：《从节俭主义到消费主义转型的文化逻辑》，载《兰州大学学报（社会科学版）》2010年第3期，第17页。

② ［美］丹尼尔·贝尔：《资本主义文化矛盾》，严蓓雯译，江苏人民出版社2007年版，第155页。

这些外力机制包括宗教、道德规范、国家目标等。中国传统的节俭主义消费文化是基于匮乏经济条件下对个体生理需求和欲望的抑制，从而实现人的欲望与所能获得消费品之间的均衡。但这种对个体消费欲望的抑制是基于否定意义的，对生理需求的节制是一个被动的过程。要使这一不愉快的过程变得可以接受，就必须要有一套相应的意义供给机制来赋予这种节制以意义。在传统中国社会的消费文化中，宗教、国家都曾扮演过消费目的的角色。新中国成立初期，为了在一个经济水平较低的社会实现工业化目标，国家采取了一种高积累、低消费的消费政策。在很多方面，可以说是对传统消费文化的继承，消费与消费文化仍然围绕国家的特定目标展开。

（二）世俗化：消费主义的意义供给与价值观念个体化

中国传统消费文化向消费主义的转型伴随着计划经济向市场经济的转型。社会的个体化解构了传统的消费文化，世俗化的消费成了个体的选择。消费行为本身被提高到人生意义、个人幸福和自我价值实现的层次，被赋予人生的终极意义。这种世俗化的意义供给机制从两个层面为价值观念的个体化提供合法性论证：一是享乐主义、物质主义、个人主义的价值观逐渐取代了节俭主义、集体主义的价值观，得到社会的正当性认可。二是个体世俗化的消费活动超越了生理需要的层次，成为个体地位、身份区分的新标准。尤其是在经济全球化的推动下，越来越多具有不同特征和差异的消费行为、方式、观念被个体所选择和吸收，个体的消费不再追求同质化，个性化成为消费主义的价值取向。消费对个体终极意义的提供意味着，消费不仅是满足生理需要的手段，消费本身就是目的。消费为自身提供合法性论证，它所供给的意义类型从宏大的国家目标转为多元化的个体价值目标。在消费主义为价值观念个体化提供合法性论证的过程中，国家干预发挥了重要作用。随着市场经济改革的深入推进，国家在全社会范围内公开提倡和鼓励个体对物质利益和生活质量的追求，赋予追求世俗物质利益的消费文化以重要地位，这是消费主义得以兴起的一个重要前提。

二、价值观念的个性化

个体从传统消费文化的束缚中脱离出来，在逐渐发育的买方市场中拥有更大的选择和自主权，是社会价值观念个性化的前提条件。个体通过差异性的消费行为，实现了从同质化到异质化的转变，价值观念呈现出多元化和个性化的特征。个体价值观念个性化的发展过程也是其逐渐获得主体性的过程。

（一）从依赖到自主：价值观念个性化的条件

个体的消费观念与消费行为紧密相连，价值观念的个体化有赖于个体消费行为的自主性。在个体与国家的关系层面，消费的自主性表现为个体从计划经济下消费行为对单位的依赖体系中的脱离。在个体与市场关系层面，消费的自主性表现为整个社会由卖方市场向买方市场的转变。个体在这一过程中获得了消费的自主权和选择权，为其价值观念的个体化奠定了前提条件。

新中国成立后一直到改革开放前，由于物资在相当长一段时间较为短缺，国家为了实现工业化的目标采取一种"高积累、低消费"的政策措施，社会成员的消费水平较低，消费也缺乏自主性。随着商品经济和市场经济的推行，国家逐渐放松了对个体消费的控制，取消了统购统销制度，放开了对基本消费资料流通和供给的国家垄断，消费成为一种个体可选择的行为。尤其是消费资料市场供给的兴起，个体摆脱了对单位的依赖，可以按照自己的意愿在市场选择和购买消费品，消费的自主性得以发展。在个体消费行为摆脱依赖的过程中，市场的供给关系也发生了变化。整个社会由卖方市场变为买方市场，消费者在市场中有了更多的选择和更大的权利。计划经济下的社会处于一种匮乏经济状态，一方面整个社会生产、生活资料短缺，消费品品种单一稀少，消费者没有选择。另一方面，由于国家实行行政指令性的生产和生活资料供应，个体作为消费者不但没有自由消费的权利，甚至在严格意义上不能称为消费者，因为"没有现代意义的市场，个体不是以消费者的身份出现在市场上，而是凭借城镇的户籍身份去获取国家供给的基本消费资料"①。随着社会发展水平的提高和消费社会的兴起，消费品供应逐渐丰富，开始出现生产能力过剩，卖方市场转向买方市场，生产者竞争加剧，消费者才逐渐获得了更大的权利和自主性。

（二）价值观念从同质到异质的转变

涂尔干认为，个体在社会中表现出同质或异质的特征，与社会的集体意识类型有关。在社会分工不发达的传统社会，社会秩序建立在社会成员相似性的基础上，集体意识对偏离集体的个性保持一种抑制性的状态，"所有社会成员的共同观念和共同倾向在数量和强度上都超过了成员自身的观念和倾向。社会越是能够做到这些，它自身也就会越有活力。……就在这种团结大显身手的时候，我们的个性就会消失得无影无踪，因为我们已经不再是我们自己，我们只是一种集体存在"②。在这种"机械团结"型的社会中，个体的价值观念表现出极大的同质化倾向。劳动分工导致的团结恰恰相反，虽然也有集体意识，但这种集体意识对个体个性的发展采取一种宽容和激励的态度，"每个人都拥有自己的行动范围，都能够自臻其境，都有自己的人格。这样，集体意识为部分个人意识留出了地盘，使它无法规定的特殊职能得到了确立。这种自由发展的空间越广，团结所产生的凝聚力就越强"③。在"有机团结"型的社会中，个体的价值观念表现出极大的个性化倾向。消费主义兴起以来，

---

① 李强主编：《中国社会变迁 30 年：1978—2008》，社会科学文献出版社 2008 年版，第 226 ~ 227 页。

② ［法］爱弥尔·涂尔干：《涂尔干文集》（第 1 卷），渠敬东译，商务印书馆 2020 年版，第 175 ~ 176 页。

③ ［法］爱弥尔·涂尔干：《涂尔干文集》（第 1 卷），渠敬东译，商务印书馆 2020 年版，第 177 页。

消费逐渐成为社会成员区分的标识，个性化的价值观念迅速发展。价值观念的个性化在消费行为中表现为个体的消费需求从单一的注重物质资料的消费逐步转变为物质、精神以及生态等多元化的消费。消费方式从生存型逐步转向享受型和发展型的消费。传统带有同质性的、节俭主义的消费观念被提前消费、信贷消费等新的消费观念所取代，消费活动不断构建起新的个性。

（三）价值观念的个性化与人的主体性发展

个体价值观念的个性化背后是人的主体性发展。"主体性"是近代哲学确立的观念，是指"自笛卡尔以来哲学所奠定的从自我意识的'自我'出发来规定一切存在的哲学观念"①。这种唯我论的主体性以主客二分为基础，忽略了主体与他者的关系。胡塞尔打破了主客对立的二元思维模式，开始关注主体与主体之间的主体间性。哈贝马斯的生活世界则更强调主体间性的真实和互动的意义。西方哲学从主体性到主体间性的发展过程，体现了传统社会向现代社会的转型过程中，个体的自主性、能动性和创造性的发展。这与马克思把人的发展分为人的依赖关系、物的依赖关系和人的全面自由发展三个阶段相吻合。

中国传统社会是一个以宗法制度为基础的家国一体的社会。君与国、国与家不分，人臣和人子同体，君主与家长同体，个体在国家等级秩序中的身份地位与规范不过是其在家庭、家族中的放大。伦理等级秩序造成了个体依附性的人格，个体缺乏自主性。由于个体只有在各种伦理关系中确认自己的存在，没有成长为独立的个体，因而始终没有形成主客二分意义上的主体性。消费主义通过个体对消费品的自由选择过程，通过消费不同商品实现与他人的区分过程，使个体重新认识自己并在消费活动中建构起自我认同。个体的主体意识、创造性和能动性也在这一过程中得到发展。

---

① 贺来：《"主体性"的当代哲学视域》，北京师范大学出版社2013年版，第7页。

三、商品的符号化与自我文化的兴起

"自我文化"是与社会个体化进程相伴随的现象，是个体价值观念"去魅"后的表现形式。随着消费社会中商品的符号化，个体通过自由选择和消费商品的符号价值，实现与他人的区分，构建起新的差异性的自我认同，从而生成了自我文化。自我文化是一种个体进行自由表现和建构自我的文化。另外，自我文化也意味着个体独自面对社会的过程中产生的焦虑和不安全感。这种焦虑和不安全感来自个体化社会中风险的各种不确定性，个体的自我表现和建构反过来又成为个体对焦虑和不安的一种回应。

（一）自我文化的概念

自我文化是社会个体化在价值观念上的体现，既包括对自我的认知，也包括对自我取向的个体约束。"'自我文化'这一概念是指对'为自己而活'的大胆追求"①。吉登斯把个体化社会中的不确定性文化带给个体的不安定感和焦虑称之为个体的"本体安全与存在性焦虑"②。个体化社会中的自我文化不再用阶层来进行社会区分，取而代之的是一种"为自己而活"的价值观文化。自我文化意味着个体标准化的人生轨迹变成一种可选择的对象，在自由选择的过程中同时伴随着风险和责任，因为自我文化意味着自由和风险、失败都同时属于个体自身。当然，自我文化并不意味着个体的彻底解放和自由，恰恰相反，自我文化完全依赖于个体所处的社会制度环境。虽然个体不断从传统的社会结构和血缘、地域等既有共同体中脱离出来，但个体脱离后再次

---

① ［德］乌尔里希·贝克、伊丽莎白·贝克－格恩斯海姆：《个体化》，李荣山、范譞、张惠强译，北京大学出版社 2011 年版，第 47 页。
② ［英］安东尼·吉登斯：《现代性与自我认同：晚期现代中的自我与社会》，夏璐译，中国人民大学出版社 2016 年版，第 33 页。

嵌入的现代社会仍然是一个密集的制度丛林，个体的生活同样受到一系列社会规范的约束。唯一的区别在于传统社会对个体的束缚是一种限制性的强制，而现代社会对个体的束缚主要表现为一种积极的引导。

自我文化意味着生活对个体而言不再是不证自明的，依据某一种坚定的信念和准则来生活成为个体生活选择诸多可能性的一种。个体不断从民族国家、阶层、家族等社会结构中脱离出来，自身的选择取代传统的社会结构塑造着个体的行为和思想观念。个体在不确定性的社会中通过消费来进行自我建构，并将其内化为一种自由理念，从而构成个体新的意义供给系统。

（二）商品的符号化

商品的符号化是指商品在其使用价值之外，被作为一种符号，为消费者提供能够表现其声望、地位、个性的社会文化价值的过程，商品在特定的文化环境中获得了超出其使用价值的符号意义。"当物抽象为符号时，人们的需求也演变为符号差异系统制造出来的欲望幻象，基于'符号－物'建构起来的虚假物相消解了人的本真需要，取而代之的是制造出来的人的需求与欲望的幻象，这意味着物不再是也不需要通过使用价值来体现自身。"[1] 传统社会的消费文化中，商品生产一直被视为物质生产的过程，人们较少关注商品使用价值之外的功用。随着社会由短缺经济步入消费社会，社会生产力远远超出社会的有效需求而出现生产过剩。为进一步刺激消费，拉动生产，需要把商品符号化从而创造新的需求。通过符号化的过程，让商品成为具有某种文化意义的符号象征，使个体在商品和某种文化意义之间产生联想，从而把原本普通的商品变成能够刺激消费者购买欲望的新物品。符号化的商品意味着：个体拥有了某种商品，就等于拥有了某种文化意义和人生价值。与商品使用价值的客观性不同，商品的符号价值是一种主观存在，不同的个体对商

---

[1] 贾中海、李娜：《消费社会的符号价值与后现代的主体性丧失》，载《社会科学战线》2021年第5期，第69页。

品符号价值的偏好差异十分明显。商品的使用价值只有在被消费的过程中慢慢消耗。商品的符号价值则是人为赋予的，从准备购买商品的那一刻起，就开始了商品符号价值的消费过程。

随着商品的符号化，个体通过自由选择和消费商品符号价值，实现了与他人的区分，构建起新的差异性的自我认同，从而生成了自我文化。个体在消费商品的过程中，把商品的符号价值转移到自己身上，把消费的商品变成自身的一部分，并以此作为划分不同群体和判断群体身份的依据。个体消费什么、不消费什么，反映的是对某种价值和符号的认同行为，也是对自身的认知和建构，是自我认同的表现。在消费社会中，"符号化的商品成为个体对陌生大众进行同一和差异批判的最简单和直接的方式。……每一种商品就像一部验钞机，个体通过对验钞机的拥有来定义自己和验证他人"①。商品是如此的琳琅满目，商品的符号价值是如此的差异万千，个体选择和消费商品符号价值的过程同时也是其选择文化和生活方式、建构自我认同的过程，自我文化则是这一过程的最终结果。

（三）消费社会中的自我文化

自我文化的最大特征就是自由和不确定性。一方面自我文化是个体进行自由表现和建构自我的文化。消费主义在中国的兴起过程，加速了社会成员价值观念的个体化，并逐渐形成一种个体化社会特有的自我文化。在消费社会中，个体的身份地位越来越少地依据其血缘、出身、阶层等因素来进行识别，消费行为本身开始取代传统社会标识，成为个体区分和自我认同建构的主要依据。消费活动不仅满足个体的生理需求，更是个体自我表现的行为方式。消费的自我表现行为预设了一个表达和交流对象的存在，个体在公共空间的消费行为是通过把自己展示给预设的观众对象来进行自我表现的。正因

---

① 贺来：《"主体性"的当代哲学视域》，北京师范大学出版社 2013 年版，第 143 页。

为如此，消费空间被视为一种公共空间，因为"消费行为无法在私密的空间进行，它需要社会性空间——基于符码体系的戏剧性空间"①。

　　另一方面，自我文化也意味着个体独自面对社会时产生的焦虑和不安全感，这种焦虑和不安全感来自个体化社会中风险的各种不确定性。计划经济时期国家提供的社会保障与福利，虽然整体水平不高，但个体能够从中获得确定性和安全感。20世纪80年代消费主义兴起以来，国家逐步在住房、教育、医疗和社会保障等方面展开了全面的改革。这些改革的实质是"去集体化"，国家、集体的保障体系开始与市场相结合。个体依靠自身和家庭的力量应对这些改革带来的不确定性和风险，由此陷入了一种深深的焦虑。消费主义试图把一切事物货币化，尤其是对个体身份地位的衡量。这给个体带来了巨大的压力——既然身份地位与货币紧密挂钩，就必须想方设法赚钱。个体的物质欲望一旦被释放，就很难得到满足，各种社会问题随之而来，如环境生态问题、食品安全问题、儿童教育问题、失业问题等等，所有这些问题导致了个体乃至整个群体深深的焦虑与不安。自我文化不是一种"非此即彼"的文化，而是一种"亦此亦彼"的文化。这意味着各种社会问题在自我文化中表现出一种新的特征："个体化情景下的失业与贫困并不是平均地分布于各个社会群体，而是分布于人们生活的各个阶段。与社会不平等相关联的冲突，表现为个体人生轨迹各个部分之间的冲突。"② 在个体化的社会中，谁应该对这些问题负责，个体又该何去何从，个体在独自面对和解决问题的过程中产生出一种深深的忧虑和不安，这种忧虑和不安可能还会持续，这也是社会个体化演进的必经阶段。

---

① ［日］星野克美等：《符号社会的消费》，黄恒正译，（台北）远流出版社1998年版，第107页。

② ［德］乌尔里希·贝克、伊丽莎白·贝克－格恩斯海姆：《个体化》，李荣山、范譞、张惠强译，北京大学出版社2011年版，第55页。

| 第五章 |

个体化对社会治理的挑战

社会个体化的进程改变了个人与社会的关系，引发了社会结构的巨大变化。个体不断从家庭、熟悉的地域共同体、传统文化等既有社会结构的束缚中抽离出来，获得了更多的个人空间和自主权。但个体同样需要独自面对个体化社会中的风险、更多不确定性和不安全因素。社会风险不断向孤立、孤独的个体沉淀。个体化社会的这些新特征对社会治理提出了新的挑战。党和国家历来高度重视社会治理工作，尤其是中共十八大以来，深入推进社会治理体制创新，不断强化基层社会治理，激发社会组织活力，持续探索符合中国国情的社会治理模式，走出了一条中国特色社会治理的现代化道路。然而，社会治理不会一劳永逸，将会一直面对新矛盾、新情况和新问题。社会的个体化则是社会治理需要面对的一个新课题。

第一节 社会治理概述

探索和优化国家、市场、社会三者之间的关系，从而达到合理配置公共资源、有效处置社会公共事务的目的，是不同社会制度、不同历史阶段的国家共同面临的问题。在相当长的历史时间里，社会统治或社会管理的概念被更多地使用和提及。直到 20 世纪 80 年代，"社会治理"理论作为解决公共行政事务的新思路在西方兴起。在长期的社会治理实践中，西方发达国家积累了丰富的社会治理经验。然而，社会治理在中国的兴起有着不同的背景，要解决的主要问题也不一样。因此，社会治理理论的西方意蕴和中国意蕴有着很大的差异。中国现代社会治理的演进过程也呈现出独特的中国特征。

一、社会治理的概念

（一）社会治理的西方意蕴

自世界银行 1989 年首次使用"治理危机"（crisis in governance）以来，"治理"一词被广泛地应用于政治发展的研究之中。时逢福利国家危机，西方国家遭遇了市场和政府的双重失灵，国家与社会、政府与市场的二分法也纷纷陷入困境。治理理论作为一种社会科学的新范式，通过重新定位国家、市场和社会三者之间的关系，力图为市场和政府的失灵寻找新的出路。

公共服务是国家的基本职能，也是其合法性的重要来源。20 世纪早期之前，资本主义国家奉行不干预的自由市场政策，资源配置、利益分配和公共服务的实现主要依靠市场"看不见的手"。国家职能被严格限定为保卫领土安全、保护私有财产和市场机制运行的"守夜人"角色。然而市场的作用不是万能的，1929～1933年美国的经济大萧条正是市场失灵的表现。为克服市场的缺陷，大萧条后，凯恩斯主义兴起，政府的职能逐渐发生变化。最小政府的理念被政府对市场的大量干预和管制替代，政府开始承担大量的社会公共事务，最小政府逐渐转变为福利国家。福利国家的内容一般包括收入再分配、充分就业和社会福利三个方面。虽然关于福利国家的不同定义和模式有很大差异，但国家在社会发展中扮演主要角色的共识却一直存在于西方各国的政治实践中。无论是社会经济的发展，还是社会平等与社会公正的实现，都需要国家的主导。这既被视为国家的责任，也是国家合法性与政府权威的现实来源和依据。但国家的调节作用也不是万能的，20世纪70年代以来，福利国家也面临着一系列的危机：一方面，不断增加的福利供给加重了政府的财政负担，政府占有和控制了大量的经济资源，进一步限制了市场的资源配置功能。另一方面，福利供给削弱了个人的进取和自立精神，但却并没有消灭贫困和不平等。随着福利国家社会职能的不断扩张，行政官僚机构也进一步膨胀。市场失灵本是政府干预和介入的最好理由，但政府也可能失灵。福利国家本质上是一种理性决定论，但理性是有限的，并不能完全解决效率问题，福利国家陷入了深刻的危机。

现代西方社会是一个充满复杂性和多样性的动态社会，"由于社会结构日益复杂，透明度日益减少，对社会的多种目标在一个宽广的空间和时间范围内进行调控——不管是通过市场、国家、合作伙伴组织，还是通过其他机制——的大多数尝试，以失败告终的可能性最大"①。面对市场和政府的双重失灵，治理理论的兴起无疑是国家与市场之外的一种新选择。处在后福利国家时代的西方国家，面对的是一个不断密集、扩展和急剧变化的相互依赖影响的社会环境。国家协调的优势已经失去，市场协调的优势也难以为继。治

---

① ［英］鲍勃·杰索普：《治理的兴起及其失败的风险：以经济发展为例》，漆燕译，载《国际社会科学杂志（中文版）》2019年第3期，第66页。

理理论兴起的背景既反映出传统公共行政面临的巨大挑战，也体现出对公共
行政理论和实践的新探索。

"治理"（governance）一词原意是引导、控制和操纵。治理经常与统治
（government）交叉使用于与国家公共事务管理相关的活动中。20世纪90年
代以来，治理被赋予新的含义并广泛应用于政治学、经济学、社会学、管理
学等学科。库伊曼认为，治理的本质在于统治机制并不依靠政府的权威，
"它之发挥作用，是要依靠多种进行统治的以及相互发生影响的行为者之间
的互动"①。格里·斯托克从五个方面对作为理论的治理进行了概括：治理的
主体不限于政府、治理过程中界限和责任的模糊性、治理主体之间的权力依
赖、自主自治的网络结构、政府在治理过程中的作用在于建立机制进行协
调。② 罗伯特·罗茨概括了治理的四个特征：组织之间的相互依存、以信任
为基础由参与者协商的过程、相互交换资源导致的持续互动以及保持相当程
度的对国家自主性。③ 根据上述研究和论述中关于治理的核心特征和要素，
可以把治理定义为：政府、非政府组织和个人等多元主体围绕公共事务和公
共利益的实现而进行的相互博弈、协商、合作的过程。

（二）社会治理的中国意蕴

长期以来，国内学术界使用的更多是统治、管理或社会管理的概念。对
中国而言，"治理"是一个西方的舶来品。改革开放后，中国社会结构发生
了深刻的变化，社会的个体化在家庭、地域共同体和个人价值观念层面逐步
发生，给社会治理带来了新的挑战。国内学者力图通过将社会治理理论与中
国的社会现实相结合来解决面临的问题。20世纪90年代，治理理论被逐渐

---

① 俞可平主编：《治理与善治》，社会科学文献出版社2000年版，第3页。
② ［英］格里·斯托克：《作为理论的治理：五个论点》，华夏风译，载《国际社会科学杂志
（中文版）》2019第3期，第24～25页。
③ 俞可平主编：《治理与善治》，社会科学文献出版社2000年版，第96～97页。

引入中国。一方面，以俞可平为代表的学者对治理理论进行了大量的翻译和介绍。另一方面，治理理论也经历了一个本土化的过程，被广泛应用于分析中国社会与政府关系的理论研究、国家治理和地方政府治理的经验研究。尤其是党的十八届三中全会把"完善和发展中国特色社会主义制度，推进国家治理体系和治理能力现代化"确定为全面深化改革的总目标以来，学界进一步将治理理论与中国现代国家构建、政治和行政体制改革、公共事务管理紧密地联系在一起，进行了大量的实践尝试。温岭的民主恳谈、各行业自治组织的兴起与发展都是社会治理理论的本土化例证。

我国的社会治理理论虽然是在吸收西方国家社会治理的理论和经验的基础上发展起来的，但又区别于西方国家的社会治理：中国的社会治理理论依托我国独特的政治、经济和文化背景，并且与我国的经济体制和社会体制改革紧密结合，是针对不同发展阶段社会不同领域存在问题的积极回应。西方国家的社会治理主要是解决政府和市场双失灵的问题，中国的社会治理则主要是解决社会转型过程中市场机制的不成熟和政府监管责任的进一步完善两方面的问题。因此，在中国的语境中，社会治理不仅需要充分激发市场活力，还面临着如何提高政府管理质量和治理水平的问题。

经过几十年社会治理的理论创新、制度建设和实践探索，逐渐形成了具有中国特色的社会治理体系。通过对已有研究的梳理可以发现，学界虽然没有就社会治理的具体概念形成统一的定义，但都认可社会治理具备以下几个内涵要素。第一，社会治理强调主体的多元化。在公共事务管理的实践中，政府不再是唯一主体，社会组织、企业、个人都可以在不同的领域和范围，以不同的方式协同参与解决公共事务和社会问题。第二，社会治理注重手段和方式的多样化。除了传统的行政手段、法律手段等正式的制度安排外，社会治理还强调利用经济手段、道德手段、科技手段等，通过非正式的协商、对话、合作等多种方式，来实现社会资源的进一步优化配置，解决不同领域和范围内的社会问题。第三，社会治理打造双向的互动机制。传统的社会管理是一种自上而下的单向输出，社会治理通过多主体相互之间的沟通协商，将自上而下的引导和监督与自下而上的反馈紧密结合，从而打造出更有效的双向互动沟通机制。

二、中国现代社会治理的历史演进

社会治理现代化是社会治理形态从传统向现代的转型过程，是一个国家的治理体系和治理能力适应现代社会治理要求的过程。社会公共事务的管理行为自国家产生以来就存在，中国自古至今一直很重视对国家和社会的治理，古代先贤也给我们留下了宝贵的治理智慧和经验。"中国共产党一经成立，就提出了国家治理的蓝图和基本主张，规定了国家治理的未来方向"[①]，开启了国家和社会治理探索的路径。新中国成立后，中国开始走上一条中国特色的社会治理道路。但社会治理现代化的进程，则始于改革开放。在社会治理现代化的进程中，先后经历了政策的转型与调适、以"社会管理"为特征的社会治理和社会治理的现代化三个阶段。

（一）1978～1991年：社会治理的政策转型与调适

新中国成立初期，国家面临着政治解体和社会解体的双重危机，实现社会整合是当务之急。毛泽东指出："应当将全中国绝大多数人组织在政治、军事、经济、文化及其他各种组织里，克服旧中国散漫无组织的状态"[②]。基于当时的特殊国情，采取一种国家主导的一元治理模式。随着改革开放的深入推进，一元化的治理模式不利于进一步释放社会活力，提高治理效能。因

---

① 孙发锋：《中国共产党推进国家治理现代化的百年历程及基本经验》，载《河南社会科学》2020年第12期，第2页。

② 中共中央文献研究室编：《建国以来毛泽东文稿》（第一册），中央文献出版社1987年版，第11页。

此，国家开始了社会治理的政策转型与调适。在此期间，市场经济的发展与放权改革并重，宏观调控与市场调节并行，体现在社会治理上主要表现为政府职能边界的调整和基层社会治理体制的变革。

社会治理的主体关注"由谁来治理"的问题。现代社会治理的主体应具有多元化的特征，政府、市场和个人是社会治理的主要参与者。一元化的社会治理只有政府一个治理主体，这显然不符合治理现代化的要求。改革开放后的政策转型和调整在社会治理领域首先表现为政府职能边界的调整。1978年，党的十一届三中全会确立了经济建设的中心目标，政府开始把工作中心从政治职能转到经济上来。1982年开始了第一次大规模的政府机构改革，提高了工作效率。1988年，七届全国人大一次会议通过了国务院机构改革方案，明确提出要把转变政府职能作为机构改革的关键。政府部门要从直接管理为主转为间接管理为主，强化宏观管理职能，淡化微观管理职能。这一次机构改革还取消了大多数的工业部委，并将其转变成企业、行业协会或宏观管理机构。这一阶段，政府作为社会治理的主体，开始从"全能政府"向有限政府转变，地方和企业的自主权有所扩大，政府开始为自己划定治理的界限。

改革开放后的政策转型和调整在社会治理领域还表现为整个社会基层治理体制的变革。在城市，街道办事处和居委会是最基层的组织。前者是上一级政府的派出机关，代表政府行使相关职能；后者是群众性的自治组织，具有自治属性。二者之间应该是指导与被指导、协助与被协助的关系。然而在实践中，这种关系很容易受到政治、社会结构、经济生产等因素的影响。在新中国成立后的相当长一段时间，二者的关系是一种依附与被依附的关系。居民委员会的自治功能真正得到发挥始于1979年，全国人大常委会恢复了《城市居民委员会组织条例》的法律效力，并于1980年初由国务院重新颁布实施。居民委员会在立法层面从最初法律效力较弱的"组织条例"，在1989年上升为正式的国家法律《城市居民委员会组织法》，立法效力的提升使其自主性得以彰显。在功能上，居民委员会开始了在民政管理、社会福利、社区服务等治理领域的初步探索。在农村，基层社会治理转型的重大突破则是村民委员会的创设。根据 1982 年宪法的规定，要按照居民居住地在农村设立村民委员会，并把它定义为基层群众性自治组织。居民委员会、村委会主任、副主任和委员由居民选举产生，履行服务本地公共事业、调解民间纠纷、维护社会治安等社会治理功能。1987 年 11 月，第六届全国人民代表大会常务委员会第二十三次会议通过了《中华人民共和国村民委员会组织法（试行）》，进一步明确了村民委员会的自治属性和功能。城市居委会和农村村民委员会的创设和发展，标志着我国找到了一条新型的基层社会治理之路，基层自治和社会组织也得以进一步发展壮大。

（二）1992 ~ 2011 年：以"社会管理"为特征的社会治理

社会治理的政策转型与调整经历了一个较长的时期，党和国家借助制度的调整和创新，探索建立新的社会治理模式。新模式的建立并非一蹴而就，但仍然为我国社会治理的路径选择与模式转变指明了基本方向。随着改革开放的深入推进，市场经济进一步确立，中国的经济基础和社会结构发生了深刻变化，也必然带来社会治理领域的进一步变革。1992 ~ 2011 年，中国的治理进入到"社会管理"的新阶段。

构建多元主体参与的社会治理格局，是中国特色社会治理现代化的重要方向。相对政府和个人而言，社会主体的生长是其中较为关键和艰难的一步。因为社会主体的独立性在很大程度上取决于经济体制和政治体制改革的进度。1992 年，党的十四大报告明确提出，经济体制改革的目标是建立和完善社会主义市场经济体制。这对构建多元主体的社会治理格局具有重要意义：政府主体与市场主体权力边界的划分，为社会主体的生长营造了一个良好的空间和环境。1998 年，国务院修订颁布了《社会团体登记管理条例》和《民办非企业单位登记管理暂行条例》，进一步为社会组织的生长发展提供了制度保障。2002 年，党的十六大把政府的职能界定为"经济调节、市场监管、社会管理和公共服务"，进一步明确了政府权力的边界。社会管理职能得到进一步重视，获得了与经济发展同等的地位。

2004 年，党的十六届四中全会通过了《中共中央关于加强党的执政能力建设的决定》，对社会治理问题进行了系统的论述，明确提出要推进社会管理体制创新。社会治理的总体目标是要建立健全党委领导、政府负责、社会协调、公众参与的社会管理格局。政府作为治理的最重要主体要创新管理方式，拓宽服务领域。社团、行业组织和社会中介组织主体要发挥提供服务、反映诉求、规范行为的作用。城乡基层自治组织要发挥协调利益、化解矛盾、排忧解难的作用。可以看出，各治理主体的职责权限得到了进一步的明确。2006 年，党的十六届六中全会通过了《中共中央关于构建社会主义和谐社会若干重大问题的决定》，进一步明确提出要建设服务型政府，强化社会管理和公共服务职能。一是要推进社区建设，完善基层服务和管理网络，实现政府行政管理和社区自我管理的有效衔接。二是坚持培育发展和管理监督并重，完善培育扶持和依法管理社会组织的政策，进一步健全社会组织，增强其功能发挥。2007 年，党的十七大报告创新性地提出了社会建设的概念。报告指出要推进社会体制改革，最大限度激发社会创造活力，进一步增强社会自治功能。社会管理与社会建设并举，标志着我国社会治理体制建设一个新的发展。

社会治理的推进既需要体制的改革和理论的指导，同样需要实践的探索和试验。2010 年 10 月，中央政法委、中央综治委首批确定全国 35 个市（地）、县（市、区）作为全国社会管理创新综合试点，为进一步破解治理难题、加强和创新社会管理进行先行探索。各试点地区积极创新体制机制，不断推进社会管理变革，取得了明显成效。

（三）2012 年至今：社会治理的现代化

党的十八大以来，以习近平同志为核心的党中央高度重视社会治理工作，不断探索符合中国国情的社会治理模式，走出了一条中国特色社会治理的现代化道路。2013年，党的十八届三中全会通过了《中共中央关于全面深化改革若干重大问题的决定》，明确提出把"推进国家治理体系和治理能力现代化"作为全面深化改革的总目标。从"管理"到"治理"，虽然只有一字之差，但实质和内涵却发生了根本性的变化。在治理观念上，要实现由传统的社会管理向现代社会治理理念的转变。在治理主体上，要加快实施政社分开，推进社会组织明确职责、依法自治、发挥作用。适合由社会组织提供的公共服务和解决的事项都要交给社会组织承担。在治理方式上，要实现从单向的社会管理向政府治理与社会自我调节、居民自治的双向良性互动的转变。在治理手段上，更加强调依法治理，加强社会治理的法治保障。

2017年，党的十九大报告站在新的历史起点，立足新的方位，就中国新时代的社会治理现代化面临的使命和任务进行了部署。一是在整体方略上，要完善党委领导、政府负责、社会协同、公众参与、法治保障的社会治理体制。相较于之前，增加了一个法治保障，进一步突出法治在社会治理中的重要作用。二是明确提出要打造共建共治共享的社会治理格局。从共同参与社会建设、共同参与社会治理到共同享有治理成果，是一次社会治理全过程的理念升华。三是提出了社会治理社会化、法治化、智能化、专业化的"四化"标准，为社会治理实践提供了可量化、可评价的指标。

2019年，党的十九届四中全会通过了《中共中央关于坚持和完善中国特色社会主义制度 推进国家治理体系和治理能力现代化若干重大问题的决定》（以下简称《决定》）。《决定》站在"两个一百年"奋斗目标历史交汇点的重要时间节点，根据中国社会治理现代化的特点和规律，对社会治理提出了新要求，做出了新决策和新部署。《决定》明确提出，社会治理体系要进一步完善，在党委领导、政府负责、社会协同、公众参与、法治保障的基础上，增加了民主协调和科技支撑，让内涵要素更加丰富，体系更加完整。用好民主协商，就是要求社会治理通过这一形式，更加有效地加强党委、政府与基层群众的联系，引导社会成员理性有序参与公共事务。用好科技支撑，就是要求社会治理要通过数据共享互通、信息化建设等方式，利用科技驱动实现社会治理的系统性、综合性。坚持和完善共建共享共治的社会治理制度，保持社会稳定，维护国家安全，这是未来社会治理的目标和努力的方向。

在社会管理到社会治理转变的过程中，由于中国社会的特殊情况，国家成为社会治理的主要驱动力——"国家从社会的控制者变为制度的提供者和协调者，主动追求政治变革和社会转型，具有自上而下构建社会治理的要求。"① 国家和政府更多地运用法律、政策、规划等宏观手段，通过不断实施社会治理的改革来积极回应社会发展带来的挑战和要求。国家积极支持社会力量参与治理过程，允许其通过制度化的途径表达利益诉求，在合法性层面鼓励引导各种社会力量在承接政府职能、协助政府履行职能和各种社会公共事务中发挥更大作用。

第二节　社会治理的个体化场景

社会个体化在家庭、地域共同体和个人价值观念三个领域的深入发生，引发了个人与社会结构的深刻变革，整个社会变得更加个体化、碎片化。社会治理要面对更多的风险和不确定性。风险与人类社会相生相伴，存在于人类社会的各个历史时期的不同领域。风险本身并不是危险或者灾难，而是一种危险和灾难的可能性。与传统社会中的风险不一样，个体化社会中的风险呈现出独特的结构特征，给整个社会及其成员带来各个层面、领域的不确定性，引发个体的存在性焦虑。所有这些，都是个体化社会治理需要面对的新问题。

---

① 任剑涛：《社会的兴起：社会管理创新的核心问题》，新华出版社 2013 年版，第 35 页。

一、个体化社会中的"风险"

对"风险"的关注早已有之，风险管理、风险评估和风险决策的研究也屡见不鲜。但只是在贝克提出"风险社会"（个体化社会中的风险）的理论后，风险才成为一个描述当代社会特征的核心概念备受关注。社会个体化的巨大变化向以启蒙运动为基础的现代性提出了挑战，新的社会规范和个人生活方式使现代性的模式与理念失去了解释和控制能力。个体化社会中的风险理论作为对挑战的回应，是在对当代社会问题进行思考和批判的基础上形成的，有着自身的特殊含义和结构特征。

（一）风险的西方意蕴

贝克对风险的分析没有采取一般的做法去回溯起源、阐述类型和界定特征，而是将风险与现代性相关联，提出风险可以被界定为"系统地处理现代化自身引致的危险和不安全感的方式"[1]。个体化社会中的风险是在工业社会的基础上进一步现代化的产物。在个体化的社会风险场景中，财富的生产过程伴随着风险的生产过程。作为确定性的理性和科学首次被置于质疑对象的位置，权威的合法性遭到动摇，个体越来越多地关注理性和科学本身招致的风险。芭芭拉·亚当把个体化社会中的风险定义为"一组特定政治、经济、社会和文化的情景，其特点是人为制造的不确定的普遍逻辑的不断增长，它要求当前的社会制度、结构和联系向一种包含更多复杂性、偶然性和断裂性型态的转变"[2]。个体化社会中的风险虽然是工业社会发展的后现代性产物，

---

[1] ［德］乌尔里希·贝克：《风险社会：新的现代性之路》，何博闻译，译林出版社2022年版，第9页。
[2] ［英］芭芭拉·亚当等编：《风险社会及其超越：社会理论的关键议题》，赵延东等译，北京出版社2005年版，第7页。

但现代性和后现代性并不是截然分开的，只是对不同社会发展过程中的历史状况和特征的概括。

个体化社会中的风险与以往的风险形式截然不同。理性的发展使我们能够应对一些诸如自然灾害等传统形式的风险，但个体化社会中的风险是理性本身招致的风险，是一种人为制造的风险和不确定性。科学开始把怀疑论的方法扩展到自身的基础及其实践结果上，因而不可预期和控制。传统的风险由外因导致，个体化社会中的风险则来自个体内在的决策。个体化社会中风险的本质不在于它正在发生，而在于它可能会发生。它不仅在技术应用的过程中，而且在赋予意义的过程中被生产出来。传统形式的风险是可感知和预计的，风险由什么构成以及对谁而言等问题都有比较清晰的认识。个体化社会中的风险则无法通过感官去了解和把握。面临传统形式的风险，个体可以依据过去的知识和经验做出选择，过去决定现在。个体化社会中的风险由于无法预期，个体传统的知识经验不再有效，未来决定着现在的行为方式。个体化社会扭转了个体关于过去、现在和未来的关系，过去作为决定现在的经验和行动的地位已经被未来所取代。此外，传统形式的风险更多地表现为个体性的风险，个体化社会中的风险则是一种全球性、系统性的风险。

（二）个体化社会风险的结构特征

对个体化社会风险的研究主要有三种视角：制度主义、文化主义和现实主义。贝克和吉登斯是制度主义研究视角的代表，他们把个体化社会中的风险视为现代性的一个发展阶段。风险是由政策制定者、企业家和专家学者为了转移和规避他们制造出来的危险而制定的一套制度和规则，这些制度规则把危险转化为风险。拉什从批判贝克等人的观点出发，指出个体化社会中的风险概念无法准确描述社会的当代情况，风险更大程度上是一种心理认知的结果。不同背景的人群对风险有着不同的认知和理解，因而当代的风险更多的是一种文化现象而不是一种社会秩序。以劳（Lan）为代表的新风险理论则从现实主义的视角出发，聚焦于科学和技术的发展带来的现实问题和社会灾难。①

无论是制度主义、文化主义还是现实主义的视角，其对个体化社会中的风险结构特征的描述都有共同之处，具体表现在以下三个方面：第一，在建构社会秩序的基本组织原则上，个体化之前的社会是通过家庭、阶层等带有集体性质的共同体以及作为纽带的传统价值文化来组织个人，整合社会。在个体化社会中，既有社会结构发生了解体，社会变得个体化，个体需要重新嵌入新的社会结构，构建自我认同。第二，在关于公平公正的社会分配上，个体化之前的社会关注财富和稀缺物品的分配。相比获取"好的"东西而言，个体化社会中的社会成员更加关心如何预防"更坏"的东西。第三，个体化社会的驱动力也发生了变化。前个体化社会中，个体的需求主要是物质需求，财富的积累成为社会前进的动力。在个体化社会中，由社会阶层差别、财富等所决定的个人身份地位逐渐被个体在社会风险中的位置所取代。财富不平等的价值体系被对安全感的需求的价值体系所取代，害怕和焦虑成为社会发展的新驱动力。

从本质上说，个体化社会风险的结构特征主要表现为风险的个体化。一方面，个体的自由选择无可避免地伴随着风险，选择越多，风险出现的概率越大。另一方面，由于选择的差异性，个体所遭遇的风险程度和性质都不一样，对个体而言，风险既是特殊的，又是普遍的。正如贝克所说，"个体化情景下的失业与贫困并不是平均地分布于各个社会群体，而是分布于人们生活的各个阶段。与社会不平等相关联的冲突，表现为个体人生轨迹各个部分之间的冲突"②。

---

① 杨雪冬：《风险社会理论述评》，载《国家行政学院学报》2007 年第 1 期，第 87 页。
② ［德］乌尔里希·贝克、伊丽莎白·贝克－格恩斯海姆：《个体化》，李荣山、范譞、张惠强译，北京大学出版社 2011 年版，第 55 页。

（三）个体化社会风险的中国意蕴

作为后发型国家，中国在步入现代化的进程中同时表现出传统、现代性和后现代性交织共存的状况，因而个体化社会中的风险场景表现出浓厚的中国特色。

西方社会风险的产生遵循从传统社会到工业社会再到个体化社会的结构变迁路径。个体化社会是对现代性的理性进行反思的产物。现代性的高度发展导致工具理性的盛行，经济取代传统的政治、文化和伦理成为确立社会秩序、构建认同的新标准。工具理性的盛行必然导致价值理性的式微，个体虽然有了更大的自由，但风险和不确定性的进一步增加、社会既有结构的不断解体导致个体深深的焦虑和不安全感，生活失去了确定的方向和明确的意义。个体化社会正是理性悖论自身的产物，是对理性裂变进行反思的结果。中国作为一个后发国家，西方发达国家已经式微的现代性在中国的一些地区正在蓬勃发展。与此同时，后现代性也开始悄然兴起。王建民用"现代性与后现代性的矛盾共生"来描绘中国社会发展的特征。[1] 因此，虽然中国社会现代性的发展尚不充分，但社会个体化演进到这一阶段，具备后现代性特征的风险已经初具端倪。由于现代性没有充分发展，国家主导的制度变迁是个体化社会的主要驱动力。国家从政府职能、权力运行机制和社会组织方面进行了一系列制度改革。这些改革解构了传统的集体对个人的保护机制，住房、教育、医疗等公共服务不断被推向市场。个体化社会中的个人面临的风险场景既有个体的差异性，又表现出相当程度的趋同特质。

在个人与社会的关系上，中西方社会表现出明显差异。个人与社会的关系问题是人类社会面对的一个基本问题。在近代以前，生产力发展水平决定了整个人类个体的脆弱性和依附性。个体的自我意识并不发达，虽然个人与

---

① 王建民：《中国社会现代性与后现代性的矛盾共生》，载《社会科学评论》2007 年第 2 期，第 72 页。

社会的矛盾早就存在，但并不突出。西方社会经启蒙运动以来，个人主义发展比较成熟。在第一现代性的发展过程中，个体已经发展成为具有明确权利义务的单个的个人，个人与团体、社会之间的关系，公与私之间的关系已经比较明确。经过第二现代性的发展，个体则进一步从现有社会结构、权威和中心脱离，成为更加自由自主的个体。福利国家、民主文化和个人主义的充分发展是西方社会个体化的前提条件，因而个体化社会中的个体从传统结构的脱离更加彻底，表现出更大的自由和自主。中国传统社会的个体是家庭、群体中的个体，作为主体意义上的个体发育不够成熟。个人是在社会个体化推进的过程中才逐步获得主体性和自我意识。

由于缺乏完善的制度建设、组织化的中介以及国家在制度变迁过程中的主导驱动，个体化进程中的社会成员在传统与现代之间来回纠结。因而在中国社会的个体化进程中，个体既有从家庭、地域共同体等传统社会结构和文化传统脱离的行为和意愿。同时，个体在进入一个个体化的、充满风险的社会时又显得无所适从，表现出对家庭等传统社会结构的强烈依赖。这对社会治理来说，既是需要克服的问题，也是可以加以引导的优势。因为个体对家庭等传统社会结构的依赖性，是实现社会团结和秩序的一个有效纽带。

二、个体化社会中的不确定性

个体化社会中的风险呈现出与传统风险不一样的结构特征。这种风险导致的直接后果就是，不确定性成为个人和社会都要面对的新问题。不确定性与确定性是一组相互对应的概念。确定性是指"人类能够凭借自身的理性能力认识和把握世界的内在秩序，进而构建起一个逻辑连贯的理论体系"①。确定性既是个体行为获得预期结果的前提，也是安全感的基础和来源。因而对

---

① 吴玉军：《非确定性与现代人的生存》，人民出版社 2011 年版，第 13 页。

确定性的追求始终与对不确定性的斗争相伴随，贯穿于人类社会发展过程的始终。

（一）人类追求确定性的历史

在传统农业社会，自然界是不确定性的主要来源。由于生产力发展水平低下，对自然的认识和把握十分有限，各种自然灾害、疾病等成为不确定性的首要因素，时刻威胁着人类，不能逃避，不能抵抗。大自然的神秘莫测使得人类对自然界保持着一种敬畏态度。由于无力征服自然，人类转而从社会结构与社会关系中去建构确定性从而获得安全感。农业社会是一个熟人社会，人与人之间的熟悉是从祖辈至今的共同生活和频繁交往中建立起来的一种亲密和信任感觉。由于彼此熟悉，个体之间的交往具有很大确定性，这种确定性的程度是如此之高，以至于连语言文字都显得有些多余，正如费孝通所说，"在熟人中，我们话也少了，我们'眉目传情'，我们'指石相证'，我们抛开了比较间接的象征原料，而求更直接的会意了。所以在乡土社会中，不但文字是多余的，连语言都不是传达情意的唯一象征体系"①。在农业社会中，个体一方面从属于、融于熟人社会结构中，通过彼此之间的紧密团结和互助去消除外在的不确定性。另一方面，虽然个体与个体之间缺乏明确界限，群体之间的界限却十分分明。任何群体之外的人都被视为陌生人，作为某种不确定性因素被排除在外。社会成员通过将自身纳入外在的客观秩序和结构的方式，来克服外在环境的不确定性，从而获得相对稳定的安全感和确定性。

随着理性能力的发展和生产力水平的提高，自然与社会的关系颠倒过来：人类对自然规律的认识和把握更加深入，征服和改造自然的能力进一步增强，传统的自然风险和不确定性逐渐被纳入人类理性能力的控制范围之内，而社会则成为不确定性的新来源。随着农业社会向工业社会的变迁，个人走出了

---

① 费孝通：《乡土中国》，北京大学出版社 2012 年版，第 25 页。

熟悉的生活场景，进入一个陌生的社会，无法继续遵循熟悉的社会结构获取确定性的逻辑。社会流动的加剧使得个体之间很难像农业社会一样建立起亲密的邻里关系，也不能把陌生人排除在外，因为整个社会已经变成一个差异多元的共同体。熟人与陌生人的关系被自我与他人的关系替代。在这一阶段，除了征服自然获取确定性外，人类也从未放弃从社会结构中建构确定性的努力。这些努力包括法律制度对秩序的构建，以及一整套官僚组织机构的建立。通过组织机构内由上而下的控制和上下级之间高度确定的"命令－服从"关系，尽可能地排除交往行为中的偶然性与不确定性。

在人类追求确定性的历史道路上，外在于自身的神秘力量不断式微，理性力量不断伸张，原有的从他人、从社会结构中去寻找确定性的秩序结构被逐渐颠覆，人类自身及其力量而非外在权威成为确定性的新来源，这也是人类追求确定性的现代形态。

（二）社会个体化引发的新的不确定性

社会现代化的发展历程就是人类与"不确定性"作斗争的历程。然而，"现代性又把'个人主体'及其自由和权利视为最高价值，但这种'自由'极端发展的结果，却使个人陷入了前所未有的不确定性、无向性与孤独"[①]。社会的个体化让个体的生产方式、生活方式、思维方式、人际交往方式从绝对走向相对，从单一走向多元，从精确走向模糊，曾经在自然和社会中获得的确定性纷纷转变为新的不确定性。

首先是自然科学确定性和必然性神话的消解。科学的发展把复杂的自然转化为简单、有序的系统，认知的主观性、偶然性和不确定因素以及一切随机因素均被排除在科学认知的框架之外，人类能够凭借理性透过复杂现象抓住事物的本质和规律。20世纪，在自然科学领域先后产生了一系列新的理

---

① 贺来：《"个体化"的反思与"社会团结"的可能性》，载《浙江社会科学》2021年第9期，第102页。

论，如系统论、控制论、信息论、协同学等，尤其是相对论和量子力学的发展对自然科学确定性、单一化的思维发起了猛烈冲击。相对论打破了时间和空间的确定性认识，把其视为一个随速度变化而不断改变的不确定性存在。量子力学进一步证明了物质存在的复杂性，"不确定性原理"提出不可能同时掌握一个粒子的位置和它的速度，因为微观世界的粒子行为和宏观世界的物质行为完全不一样。正如海森伯所说，"我们所观测的不是自然的本身，而是由我们用来探索问题的方法所揭示的自然"①。自然科学的发展进一步证明了世界的不确定性和复杂性，指出物理世界不是一个秩序井然的领域，内在地包含着自组织过程和复杂行为，复杂性"正在进入物理学领域，似乎已经根植于自然法则之中了"②。自然科学理论的新发展表明，复杂性并非由于人类认识能力和手段的不足，而是有着更深刻的客观基础。现实从各方面超出了思想认识的结构，自然科学的必然性和确定性神话被解构了。

个体化社会中的不确定性还表现为对既有权威的质疑。前个体化社会中，个体用传统的价值和过去的经验来指导自己的思想和行为，作为科学与权威代表的专家意见更是确定性的不二准则。专家因其在特定领域拥有专业知识而受到信赖。在个体化社会中，个体不但无法从与陌生人的社会交往中获得确定性，作为知识权威的专家意见的确定性也被解构。由于社会的不断分化和信息化的快速发展，知识逐渐变得对所有人开放，一个外行人完全可以通过多种便捷的信息渠道获取对专家知识的理解和把握，专家知识的权威性和神秘性大打折扣。另外，社会知识的高度分化使得现代社会中很难出现前个体化社会中百科全书式的专家，专家权威的存在领域变得更为狭窄，覆盖面也大大缩小。

---

① ［德］W. 海森伯：《物理学和哲学》，范岱年译，商务印书馆 1999 年版，第 24 页。

② ［比利时］G. 尼科里斯、I. 普利高津：《探索复杂性》，罗久里、陈奎宁译，四川教育出版社 2010 年版，第 6 页。

（三）存在性焦虑：不确定性场景中的个体反应

个体化社会中的风险及其引发的不确定性深入个体生活的各个环节与社会生活的各个领域。不论是在个体层面还是社会层面，不确定性都成为生活的一个"常态"部分。面对自然和社会确定性的双重解构，个体化社会中的社会成员表现出一种深深的焦虑。这种焦虑是个体在早期生活的日常惯例基础上形成的、整体安全体系被打碎后个体独自面对风险的自由而无所适从的状态——"存在性焦虑"。与针对特定对象的恐惧不一样，个体化社会中的焦虑没有确定的对象，很大程度上取决于个体对外在世界的切身感受。鲍曼用筏运工和现代海员的比喻生动地描绘了前个体化社会中的确定性生活和个体化社会中不确定性生活的差异。筏运工沿河放木，任由河流将他们带向前方，不需要指南针，只需沿途不时地用桨划一划以防撞上岩石或陷入石滩。筏运工不需要指南针，因为他的前方是确定无疑的，只需顺着既定的路线前行。现代海员则完全不一样，他需要指南针指引方向，如果听任风和潮流，就会迷失航线。现代海员需要掌控船只的运动，需要决定航行的路线，需要确定目标。在过去，个体的生命历程没有什么交叉路口和障碍需要选择、躲避。现在，日常生活世界正在失去它曾经享有的自明性，"'事务如其所是'变成了'事务由人使然'"①。

个体的存在性焦虑和不安全感在生活中突出地表现为各种励志电影、电视剧、文学、小说作品的泛滥。无论表现形式如何变化多端，主题永远只有一个：主角总是一个渺小的个体，面临生活、工作的各种风险压力，历经千辛万苦最终战胜强大的对手取得成功。然而，主角的成功大多取决于那些无法预料的偶然因素和随机事件。这种"大团圆结局"既是意义所在，也是令人焦虑不安之处，因为个体的最终命运终归取决于偶然的不确定性因素。随

---

① ［英］齐格蒙特·鲍曼：《流动的生活》，徐朝友译，江苏人民出版社2012年版，第22页。

着社会个体化的历史演进，一方面是个体自由和自我力量的增长，一方面是个体的孤独和焦虑不安的日益加深。"只要个人不是那个世界不可分割的一部分，还没意识到个人行动的可能性和责任，他就用不着害怕。一旦成为一个个人，他就形单影只，只能独自面对世界各方面的危险和强大压力。于是，为了克服孤独和无能为力感，个人便产生了放弃个性（individuality）的冲动，要把自己完全消融在外面的世界里"①。

第三节　个体化社会的治理问题

社会个体化的持续推进，导致社会流动和社会分化加速，个体不断从家庭、熟悉的地域共同体、传统文化等既有社会结构的束缚中抽离出来，获得了更多的个人空间和自主权。但在失去家庭、单位、集体的庇护之后，个体同样需要独自面对个体化社会中的风险、更多不确定性和不安全因素。社会风险不断向孤立、孤独的个体沉淀。个体化社会的这些新特征对社会治理提出了新的挑战。社会层面，一方面传统的共同体和既有社会结构不断消解，国家、社会与个人的联结纽带松弛，个体化的社会面临着如何实现社会整合以维持秩序的危机。另一方面，个体化社会中的不确定场景对既有社会的确定性思维和控制逻辑提出了挑战。个人层面，个体化社会中的个体日益与社会疏离，自我认同和社会认同都面临着新的危机。

一、不确定性与社会治理的控制逻辑

低复杂性和低不确定性环境下的社会治理遵循确定性思维和控制逻辑。

---

① ［美］艾里希·弗洛姆：《逃避自由》，刘林海译，上海译文出版社 2015 年版，第 18～19 页。

确定性思维和控制逻辑通过官僚体系"条块分明、属地明确"的封闭治理空间和内部层级分明的"命令-服从关系"得以实现。社会个体化增加了社会的流动性、复杂性,整个社会变得更加碎片化,社会治理的主客体关系和环境发生了巨大变化,社会治理的既有确定性思维和控制逻辑面临着新的挑战。

(一)社会治理的确定性思维和控制逻辑

前个体化社会是一个低复杂性和低不确定性的社会,社会治理通过对科学和技术的追求,把一切形式的复杂性和不确定性纳入行政和组织体系中,表现出一种确定性思维指导下的控制导向和线性逻辑。

社会治理的确定性思维和控制逻辑首先表现为"条块分明、属地明确"的封闭治理空间。社会治理在既定规则下、在确定空间中,面对明确对象展开,治理的主体、客体、目的和方式都十分明确。行政和组织体系正是通过这样一种确定性的内部系统把来自环境的不确定性排除在外。一切社会治理活动的开展只需要按照经过科学设计的体制和制度运行就不会出现大的偏差。对于行政和组织体系之外社会环境中存在的确定性和不确定性,前者直接吸纳到体系中使之成为组织的常规性活动。后者则通过程序设置和规则设定将之转化为确定性后再吸纳进来。由于前个体化社会低复杂性的环境,大部分社会管理中的不确定性因素可以通过行政和组织体系进行转化和应对。这也导致机构和组织的不断膨胀,因为行政和组织体系总是要不断将外在的确定性和不确定性吸纳到它的封闭体系内以实现对社会的控制。

社会治理对确定性和控制逻辑的追求还表现为行政和组织体系内部的层级结构和"命令-服从"关系。由于行政和组织体系不断吸纳来自社会环境的确定性和不确定性,体系内部逐渐变得复杂。为了克服外部复杂因素的引入导致不确定性的可能性,行政和组织体系在内部从上到下构建起一个层级分明的治理结构。上级和下级之间的关系是一种"命令-服从""控制-被控制"的关系，也就是所谓纵向"条"的控制。从体系顶层的政策制定、中层的信息传递到底层的政策执行，构成一个清晰明确的"命令－服从"体系。行政和组织体系正是通过这种明确的隶属关系和"命令－服从"结构，尽可能地排除组织内部交往行为中的偶然性和不确定性，从而达到对整个社会进行治理的目的。另外，行政和组织体系在横向上把每个层级中的人进行不同的功能区分，从而达到复杂事务简单化的目的，也就是横向"块"的控制。

总的来说，社会治理表现出的确定性思维和控制逻辑满足了低复杂性和不确定性的前个体化社会环境对治理的要求，通过科学和技术的手段达到了尽可能地排除社会治理中不确定性因素的目的。这种组织形式"在社会治理的逻辑上走向了追求科学化、技术化的形式合理性的道路。因为，一切社会现象和社会事实都与自然现象和自然规律一样遵循着决定论，因而都是有序的、可控的并符合因果律的"①。

（二）个体化社会的不确定性对现有社会治理的挑战

社会个体化的进程越是推进，风险和不确定性就越增长，更多的不确定性无法转化为行政和组织体系内的确定性。"由于危机爆发的时间、性质、频度、社会影响力的各异，我们很难采取统一的管理模式和方法，'以逸待劳的方法'在向后工业社会过渡的新时期是不适应的，不仅会造成巨大的组织积淀成本和财政负担，而且在事件发生时具有明显的滞后性，应对力不强。"② 社会治理的确定性思维和控制逻辑被突破了，更多的不确定性因素游离于社会之中，成为社会治理需要面对和处理的新问题。

对现有社会治理的挑战首先表现为对"条块分明、属地明确"的确定性

---

① 周军：《官僚制控制体系的失灵与变革——通过任务型组织的建构寻求出路》，载《公共管理与政策评论》2015 年第 3 期，第 26 页。

② 张康之：《时代特征中的复杂性和不确定性》，载《学术界》2007 年第 1 期，第 51 页。

治理逻辑的挑战。由于个体化社会中人口的流动，个体不再固定于某个地域。城市中的外来人口不断增加，既有的属地原则已经不能适应社会治理的需要。社会阶层分化，整个社会的结构更加开放，个体通过自己的努力可以实现从一个阶层到另一个阶层的流动。既有的针对明确人群的治理机制也受到了挑战。鲍曼用"流动的现代性"来描述社会治理的新场景，"在其中，社会成员开展活动时所处的环境，在活动模式尚不及巩固成为习惯和常规之前便已经发生变化。生活的流动性与社会的流动性相互依存，相互促进。流动的生活，正如流动的现代社会一样，不可能总是一个固定形式，或者长久维持原来的方向"①。

对现有社会治理的挑战还表现为"网络空间"的兴起。既有的社会治理是在实体空间中面对特定对象的治理，网络空间是一种"缺场空间"，社会成员通过网络等信息技术手段实现人际交往和互动。网络空间的交往个体是不在场的、匿名的，彼此之间相互陌生、独立，不需要固定的物理场所。这对建立在固定空间上的确定性治理思维形成了巨大的挑战。而且网络空间的交往行为更多的是思想和观念等精神层面的活动，用治理实体的手段和方式来治理虚拟的网络空间面临着更多需要处理和解决的问题。

社会治理控制逻辑的挑战主要源于治理主客体间关系的变化。随着个体化社会中个体自主性的增长和社会组织的兴起，社会成员参与治理的诉求不断增长，社会治理的控制逻辑开始失灵，治理实践需要更多的弹性、灵活性和公众参与。福柯用"全景敞视主义"和"共景主义"来描述传统与现代社会治理的不同场景。福柯把整个传统社会视为一个环形的建筑，统治者居于环形建筑中心的瞭望塔上。环形建筑被分割成许多不同的小房间，彼此之间不能交流和接触。统治者通过瞭望塔就可以监视所有环形建筑中人员的一举一动。全景敞视主义的主要后果是"在被囚禁者身上造成一种有意识的和持

①　［英］齐格蒙特·鲍曼：《流动的生活》，徐朝友译，江苏人民出版社2012年版，第1页。

续的可见状态，从而确保权力自动地发挥作用"①。新的社会治理环境是一种"共景主义"结构。同样是环形建筑和瞭望塔，但环形建筑中的社会成员可以互相沟通交流信息，处于中心的管理者不但无法监视控制众多的社会成员，反而要受到处于环形建筑的社会成员的监督。社会治理主客体之间的关系从"管理与被管理"的关系变为"平等的参与者"关系，对既有社会治理的控制逻辑形成了冲击和挑战。

二、传统共同体的松弛与社会整合

社会整合的实现不是自发生成的结果，需要以社会的各种共同体单元为组织结构和联结纽带。随着社会个体化进程的深入推进，传统的血缘、地域共同体解体，家庭、宗族、单位等既有社会整合的组织结构松散，联结纽带松弛。政治经济社会诸领域分离，新的社会组织不断涌现，阶层结构分化，个体的利益更加多元化。在一个多元分化的社会中，社会面临着如何重新整合以实现团结的挑战。

（一）从自发秩序到建构秩序：共同体的历史

对秩序的追求是人类历史每一个发展阶段的目标，从中国传统农业社会到工业社会，国家都是以各种共同体为载体来实现社会整合，从而达到维护社会秩序的目的。共同体的进化经历了血缘、地缘和职缘共同体三个阶段。

血缘共同体是以血缘为纽带把个体联结在一起，以家庭、家族为主要表现形式的小共同体。个体的过去、当下和未来通过血缘有机地联结起来，家庭和家族成为一个联系紧密的共同体，人们通过共同的血缘和历史传统维系着整个共同体内部的团结。社会层面，一个个血缘共同体成为天然的、简单

---

① ［法］米歇尔·福柯：《规训与惩罚》，刘北成、杨远婴译，生活·读书·新知三联书店 2012 年版，第 226 页。

易操作的整合载体和力量。"事实上，只有在血缘的紧密关系和血缘的混合里，人类意志共同体的统一性，继而它的可能性才能以最直接的方式表现出来。在此之后，它通过空间内的接近表现出来。最后（仅仅对人来说）则通过精神的亲近表现出来。"① 血缘共同体作为传统农业社会最具持久影响力的共同体，至今仍深刻影响着人们的生产、生活和思维方式，是社会成员最基本的联结纽带。血缘是一种稳定的力量，自给自足的农业生产本身是不需要流动的，但随着人口的繁殖，向内的精耕方式受土地边际收益递减规律的限制，不得已发生了人口的流动和迁移。人口的流动和迁移使得血缘共同体发生了分离。距离打破了血缘共同体的结构，人们围绕固定的地域建立起新的地缘共同体，邻里成为地缘共同体生活的普遍特征。在地缘共同体中，社会以地域为单位，通过共同的规章制度和管理，从而实现社会的整合。随着工业化的发展和社会分工的细化，人口流动和迁移加剧，血缘共同体和地缘共同体的存在基础逐渐消解。工业化本身主要是在生产领域展开，并不以解构既有共同体为目标，但工业化改变了社会成员之间的人际关系，改变了人的活动范围和活动方式。个体从熟悉的家庭、邻里等共同体中走出来，走向一个陌生的社会，人们基于职业引发的经常交往而产生亲密关系，如同事、师生、战友等，进而逐渐建立起新的共同体——职缘共同体。职缘共同体在某种程度上可以视为血缘和地缘关系的泛化，以职业为纽带的职缘共同体成为个体团结和社会整合的新单位和载体。

血缘共同体、地缘共同体和职缘共同体的联结纽带虽然不一样，但共同体成员之间有着共同的感知和分享基础，这些基础可以是血缘、土地、风俗习惯和宗教信仰等。它们都是在社会的自然基础之上形成的一种自发秩序。社会的整合主要通过自发秩序实现，虽然也有人为建构的体系，但更多地表现出与自发秩序的联合以共同发挥社会整合的作用。

---

① ［德］斐迪南·滕尼斯：《共同体与社会》，张巍卓译，商务印书馆 2020 年版，第 98 页。

（二）共同体松弛后的社会整合危机

一个社会要保持稳定和长治久安，就必须通过某种纽带把社会成员联结起来，从而实现社会整合。在前个体化社会，社会整合通过家庭、地域、邻里、单位等共同体展开，因此并没有成为一个突出的社会治理问题。随着中国社会个体化在家庭、地域共同体、个体价值观念三个领域的逐步发生，社会成员经历了一个从各种既有形式的共同体不断"脱嵌"的过程。家庭是社会个体化进程的第一个领域。改革开放以来，传统的家庭结构和家庭功能发生了巨大的变化，由此带来了家庭权力结构关系的调整和变革，引发了个体从家庭的"脱嵌"——个体从家庭结构的束缚中抽离出来。地域共同体是社会个体化进程的第二个领域。随着整个社会流动环境的改善和流动机制的激活，个人有了从熟悉的地域流动到陌生环境的机会和可能性，从而引发了个体的"脱域"——个体从"大家庭庇护"和固化的社会分层结构中抽离出来。中国社会个体化的第三个领域发生在个人的价值观念层面。消费主义对传统的消费文化形成了冲击和挑战，引发了个人价值观念的巨大变化，促使个体从传统文化的抽离。既有的社会整合的纽带松弛，新的纽带尚未形成，整个社会面临着如何实现整合与团结的挑战。

社会整合是指通过各种方式将社会系统中的不同要素、部分和环节结合成一个相互协调、有机配合、运行良好的体系的过程，包括文化整合、规范整合、功能整合等具体内容。最初提出社会整合的概念并用来解决社会问题的是涂尔干，他用社会团结来指称个体与个体、个体与社会之间的联结关系。涂尔干区分了社会团结的两种形式：机械团结和有机团结。帕森斯则把社会整合提升为一种理论范式，在结构功能主义的分析框架中建构起宏大的社会整合理论。社会整合不是一个自发生成的过程，需要以社会的各种共同体单元为组织结构和联结纽带。在个体化的社会中，社会整合的危机主要表现为组织结构松散和联结纽带松弛的社会分化危机。一是社会诸领域的分化。社会各领域进一步分离并按照自身的逻辑和价值倾向进行发展。经济领域追求效率，文化领域追求精神的自由，政治领域追求社会公正。二是阶层的分化。旧的阶层分类标准被打破，新的社会阶层逐渐形成。经济资源、组织资源和文化资源的占有情况成为新的阶层划分标准。三是社会组织结构由一元向多元的分化。新的经济和社会组织大量兴起，其组织建构与运行机制更加多样，异质性更加明显。个体化社会分化危机的背后是利益的分化。在一个充满更多风险和不确定性的个体化社会中，每个社会成员面临的境况都不一样，遇到的问题也不一样。不同阶层的成员之间在生产、生活方式、思想观念、文化认同和利益需求方面表现出巨大的差异，各种冲突和矛盾加剧，共识达成更加困难，这是个体化社会场景下社会治理面临的新课题。

三、个体的社会疏离与自我和社会认同

认同是社会成员体认与模仿他人或团体的态度和行为，使其成为个人人格一部分的心理过程。认同包括个体的自我认同和社会认同两个方面。自我认同是一种个体内在的认同，是对个体价值和意义的发现和肯定。因此，自我认同关注与"自我"相关的问题。社会认同则是通过个体的社会地位、阶层意识、成员资格和人际交往等向度，关注自我与他者的关系问题和归属感问题。个体的自我认同和社会认同是个体和群体在既定的时空维度对自身或事物前后一致性的确认。社会个体化的演进打破了既有的一致性和统一性，个体与社会逐渐疏离，社会治理需要同时处理社会成员的自我和社会认同危机。

（一）自我认同的危机

社会个体化的演进，使整个社会结构和环境发生了巨大的变化。这种变化一方面打破了个体生活的整体性和连续性，个体的日常生活秩序变得碎片

化。另一方面，理性的发展使个体自我意识得到增长，个体与社会的关系被重新建构，社会和他人因素逐渐被排除在自我认同之外，个体面临着价值和意义感缺失的危机。

自我认同的危机首先表现为个体的连续性和整体性断裂的危机。现代性是作为传统的对立面出现的，二者之间没有社会变迁的连续性，生活在现代社会就意味着与过去生活的决裂。"现代生活正在把我们所能想到的一切：上帝、自然、真理、科学、技术、道德、爱、婚姻，都转变成'不确定的自由'。所有形而上学和超验的东西，一切必然性和确定性，正在被艺术性（artistry）所取代。"① 现代性切断了个体与过去和传统的联系，个体曾经的自我认同和塑造的历史过程与秩序也一并被切断，现代生活的流动性更是消解了个体自我认同的熟悉的本土情景。生活对个体而言成为一个全新的开始，过去的经验和知识已经无法在个体化社会中发挥作用，个体无法像过去一样从连续的历史中寻找到经验和认同。个体化社会中的个体还分裂为不同的方面。由于工作和生活的分离，个体工作的时候是一个人，生活的时候又是另一个人。网络空间的匿名性、自由性和自主性更是允许个体同时扮演不同甚至截然相反的角色。个体不再作为一个整体存在，而是分解为不同的碎片，所有这些都导致了个体的自我认同危机。

个体自我认同的危机还表现为个体价值和意义感的缺失。社会个体化的进程不但切断了个体与过去的联系，更改变了个体与他者的关系，凸显了个体的自我意识。"过去人们常常把自己看成一个较大秩序的一部分。在某种情况下，这是一个宇宙秩序，是一个'伟大的存在之链'，人类在自己的位置上与天使、天体和我们的世人同侪共舞。"② 理性精神的不断发展使个体摆脱了传统宗教和形而上学的桎梏，社会的道德和价值体系从超验转向现实。

---

① ［德］乌尔里希·贝克、伊丽莎白·贝克－格恩斯海姆：《个体化》，李荣山、范譞、张惠强译，北京大学出版社 2011 年版，第 2 页。

② ［加］查尔斯·泰勒：《现代性之隐忧》，程炼译，中央编译出版社 2001 年版，第 3 页。

尤其是工具理性的发展，个体更加关注自我实现和物质欲望的满足，"感性、轻浮、世俗、短暂代替了精神、执着、超验和永恒。……都市人正是凭借身体的放纵来弥补生活的苍白和平淡……对感性肉身的关注日益取代对理性价值的关注"①。个体的主体意识不断增长，但自我也失去了外在的框架和确定性秩序的依托，生活变得平庸而缺乏意义。

（二）社会认同的危机

人一旦自觉为人，意识到自己与外部世界的区别，就开始寻找与外部世界的同一性，萌生出与外部世界融为一体的强烈愿望。在文明的进程中，社会认同主要表现为社会成员在行为上融入特定共同体、属于某一阶层，以及思想观念上对社会主流文化和价值观念的追随。个体化社会是一个充满风险和不确定性的社会，作为既有社会认同基础的共同体、阶层结构、主流意识形态都发生了变化。社会中原有信任结构也发生了改变，社会关系变得更为紧张，引发了社会认同的危机。

个体化社会认同的危机首先表现为归属危机。个体的流动性更加频繁，远离家庭，远离家乡，生活在一个陌生的环境中，失去了对熟悉群体和地域的归属感。在消费文化盛行的个体化社会，社会的阶层结构也被打破，个体不再归属于特定的阶层。对商品的自由选择和符号价值的消费，成为区分自我与他人、划分不同群体和判断群体身份的新依据。然而商品的消费行为和符号价值不是固定的，是人为建构起来的，十分易变。个体无法从转瞬即逝的消费时尚和潮流中获得真正的归属与认同。

个体化社会认同的危机还表现为价值观念多元化的危机。一个国家、社会或群体中的主流意识形态，对个体的思想、行为和观念发挥着明确的规范和引导作用，个体也在这种确定性之中找到安定和归属感。在中国社会个体

---

① 吴玉军：《非确定性与现代人的生存》，人民出版社 2011 年版，第 101 页。

化的进程中，受市场化和全球化的影响，各种个体主义价值观念迅速增长，自由主义、民主主义、保守主义等各种多元价值观念并行存在。面对多元的文化价值观念，是继续遵循既有的文化价值观念排斥新文化、摒弃旧的文化价值信奉新文化还是实现二者之间的融合，个体很难抉择，难以获得精神上的认同与归属。

第六章

"再嵌入"：个体化社会的治理应对

　　"再嵌入"，其含义完全走向与个体化的字面意义相反的方面：亦即一种新形式的社会义务——控制或重新整合的维度。"再嵌入"是社会个体化的维度之一，是指社会个体化后重新整合的过程。在社会个体化的进程中，个体从既有的社会结构和形式脱离的过程同时也是其"再嵌入"新的社会结构的过程。个体化中国社会治理面临的主要挑战源于社会个体化的进程中，个人只实现了"解放"和"去魅"，未能很好地"再嵌入"新的社会结构。

　　因此，要化解社会个体化的治理新问题，国家要重塑社会保护机制，建构起整个社会的风险防御体系。社会组织要充分发挥作用，锻炼个体的责任意识、参与意识和公共精神，实现新的社会团结。个人只有重新融入共同体，在共同生活中加强与国家、社会的纽带联系，才能更好地化解认同危机，抵御社会风险。"个体化与全球化是两个超出一般的重大过程，它们正在改变一切社会行动领域中共同生活的基础。从表面上看，二者给人造成了威胁，其实它们也容许社会做好准备重塑自身以迎接第二现代性。"①

第一节　重塑社会保护机制：个体化社会治理的国家应对

个体化的社会是一个充满风险和不确定性的社会，如何规避、减少和分担风险是个人、社会和国家必须解决的问题。风险的客观特征和对风险的判断、认知和预期几个变量共同决定了应该采取怎样的制度措施，选择怎样的治理方式来应对。对个体而言，有些风险是系统性的，是个人无法独立克服和抵御的，需要国家层面进行统一的制度设计和安排。社会保护的观念和制度源于对现代国家－社会关系的理解。一定的社会保护能够塑造国家与社会的契约关系，强化国家治理的合法性和社会团结。社会保护是指面对社会风险和市场失灵，国家有计划地运用组织力量来帮助弱势群体对抗风险，而公民获得这种保障乃是一种社会权利。

个体化社会中，国家要发挥其帮助个体抵御社会风险的保障作用。这种保障作用既包括对个体物质生活的福利保障，也包括精神层面重塑主流意识形态对个体价值观念的引导，还包括在一个高度流动的个体化社会中对人际交往行为的社会信用机制的建构。

---

① ［德］乌尔里希·贝克、伊丽莎白·贝克－格恩斯海姆：《个体化》，李荣山、范譞、张惠强译，北京大学出版社 2011 年版，第 194 页。

一、从"小福利"到"大福利"：社会福利制度的建构

个体化社会中的治理挑战主要来自个体生存条件和发展权利的不确定性。国家很早就通过为社会成员提供福利保障的方式来进行应对。新中国成立以来的相当长一段时间，基于经济发展的实际情况，实施了一整套"小福利"制度。传统的"小福利"制度是一种政府主导、面向城镇居民的补救性制度。在社会转型和国家职能转变的过程中，国家不再是社会福利的唯一承担主体，住房、教育、医疗和养老等传统社会福利保障的内容被逐步纳入市场的范畴。要在个体化的社会中为个体构建起一套抵御风险的保障体系，社会福利制度要进一步实现由"小福利"向普遍、开放、协调和整合的"大福利"制度转变。

（一）"小福利"制度的特征与缺陷

从宋代的居养院、元代的养济院、明清的栖流所，再到民国时期贫民教养院等，历代国家一直有举办各种福利设施的举措。但由于其小规模、非制度化和非规范化，因而"在本质上只是一种官办慈善事业，具有典型的恩赐色彩"①。总的来说，低度的政府介入、低社会福利资源的投放、对家庭和社会力量的强调是传统国家社会福利的基本特征。历史上国家对饥荒和其他自然灾害的救济活动基本上反映了国家干预社会福利的主要路径。新中国成立后，在改造旧中国官办、民办以及教会办的各种福利设施的基础上，通过计划经济和行政手段，建立起一整套以职工福利为核心、民众福利和价格补贴等内容为补充的国家主导、城乡二元的福利制度。由于福利保障的经费来源、福利范围、内容、对象有限，福利方式单一，因而被称为"小福利"制度。

---

① 郑功成：《从企业保障到社会保障——中国社会保障制度变迁与发展》，中国劳动社会保障出版社 2009 年版，第 345 页。

"小福利"制度是在特殊的社会背景和条件下形成的，表现出鲜明的时代特征。第一，政府福利、单位福利和企业福利相互分割，缺乏协调，因而传统的福利制度并未形成一个完整的体系。由于全社会实行一种低工资高积累的制度，在单位内部，职工的福利待遇与工资报酬混合在一起。在单位外，政府和社会的福利也相互重叠混合。第二，"小福利"制度是一种城镇福利制度。社会福利本应是一种面向全体社会成员的普惠性保障，然而由于城乡二元的户籍制度，住房、医疗卫生、教育、养老等福利保障更多面向城镇居民。普遍化的福利制度安排成为拥有城市户口的城镇居民特权，对农村居民的保障则相对不足。第三，"小福利"制度是一种与就业密切关联的福利制度。"小福利"制度的一系列福利保障都是以"单位"为载体来组织实施，只有在单位固定就业的社会成员才有资格享受国家提供的诸如住房、医疗卫生、教育等福利保障，未就业的社会成员只能享受最低水平的社会救济。传统的社会福利制度下，城镇就业人员及其家庭成员是政策的主要对象。第四，"小福利"制度是一种典型的补救性福利。在单位就业的社会成员享受的各种福利，实质上是对低工资的一种必要补充。在与就业和单位挂钩的福利之外，国家只对三无人员（无依无靠、无家可归、无生活来源的孤老残幼）提供最基本的生存救济，远远够不上对个体能力的提升和发展需求的保障。

"小福利"制度在改善城镇居民的生活、实现国家工业化目标和维护社会稳定方面发挥了积极作用，但也存在着一些弊端。一是福利制度的非社会化。在计划经济下，国家控制并垄断全部的社会资源，无论是民政部门、单位还是企业办的社会福利，其经费最终来源都是国家，国家承担了社会保障的全部责任。因而传统社会福利是一种权利义务单向的、社会组织缺位的制度模式，福利保障经费不足，福利范围、内容、对象和方式有限。二是单位、企业"办社会"，导致资源的浪费和低效率。传统社会福利是以单位和企业为载体组织实施，单位和企业都追求"大而全"，花费大量的人力、财力、物力来举办福利事业，不同部门、行业和单位之间的福利保障措施在项目、水平方面差异很大，导致各项福利设施的重复建设和低效率。三是"小福利"制度的不平等。传统社会福利是一种面向城镇居民的与就业紧密关联的保障制度，因而造成城乡之间、就业与未就业人员之间的不平等。并且由于传统福利制度的封闭性，不同所有制的单位、企业彼此之间相互封闭，福利水平差距很大。

（二）"大福利"制度：个体化社会的保障体系建构

随着社会转型和国家职能的转变，国家不再是社会福利的唯一承担主体，住房、教育、医疗和养老等传统社会福利保障的内容被逐步纳入市场的范畴，市场在福利供给中发挥着越来越重要的作用，个体的责任也被强调。在福利制度转型过程中，中国虽然没有面临关于国家是否应该积极干预社会以承担实现国民福祉责任的自由与平等之争，但如何在增加福利供给的同时保持经济的竞争与活力，如何提供福利以降低社会冲突的风险并巩固其政治合法性，在提供福利的过程中如何激发社会组织的活力以提高效率增进社会团结，这些都是中国构建福利制度面临的新问题。尤其是在一个充满风险和不确定性的个体化社会中，如何构建起一套保障社会成员生存、发展和抵御风险的福利制度，是事关政治合法性和社会公正的重要举措。"大福利"制度则是个体化社会治理的新选择。

"大福利"是指一种多主体参与的跨地区、跨部门、跨领域、跨身份的内容丰富的全民普享福利体系。"大"的含义是指普遍、开放、协调和整合，因而"大福利"是一种实现基础整合的福利体系。[1] 普惠性是"大福利"制度的基本原则。普惠性原则源自欧洲国家普遍主义的福利思想，它体现了公民权利和社会公正的原则，也是对社会团结、融合和集体主义等理念的反映。在个体化的社会中，国家要建构起一个全民共享的福利保障体系，强化平等

---

① 景天魁：《应对金融危机的"大福利构想"》，载《探索与争鸣》2010 年第 1 期，第 4 页。

精神和普惠制原则。通过这一原则来促进社会整合，实现社会团结，避免少数群体由于缺乏保障被排斥在社会之外。在构建"大福利"制度的过程中，国家一是要实现救助理念从补救型向发展型的转变。社会成员不仅是被动等待救助的对象，也是社会发展和进步的主体。对社会成员的救助不能仅停留在保障基本生活水平的层面，更要实现从单纯的物质救助向精神、能力、权利等多元化救助的转变，注重社会成员的个体能动性，变"输血"为"造血"。二是要进一步实现福利制度的政府主导向社会共同参与的多元主体转变。国家的职能不是大包大揽，而是要积极构建包括政府、市场、非政府组织、社区等在内的多元化社会福利供给结构。在"大福利"制度体系中，国家要在社会立法、政策制定、资源配置和多元主体之间的协调方面承担起主体责任，进一步明确国家、市场、社会组织和个人的职责。

在一个充满风险和不确定性的个体化社会中，国家对个人基本生活水平和生存发展权利的保障是帮助个体抵御风险的一道基本防线，也是社会治理实现团结和构建国家认同的基础。个体拥有了生存条件的确定性保障，才能真正获得自主和自由发展。

二、重塑价值共识：多元社会的价值整合

传统社会中，国家通过占据主流地位的意识形态，对个体的思想和行为进行规范和引导，个体也通过对主流意识形态的认同获得确定性和归属感。在个体化的社会中，占据主流地位的意识形态、共同体和社会所共同遵守的信仰、文化等准则受到价值的个体主义和怀疑主义冲击，社会面临着新的自我认同和国家认同危机。面对多元的价值文化，国家既要树立辩证统一的思想，尊重和包容差异性的多元价值；更要重塑社会核心价值，挖掘传统和历史资源，注重社会发展的价值排序，引导形成全社会的价值共识，把多元价值差异的冲突和矛盾解决纳入制度和规则的轨道。

（一）个体化社会的价值共识困境

传统社会向现代社会转型的过程中，社会个体化进程不断加速。个体从既有的社会结构、制度和实践的束缚中脱离出来。个体在不断获得自主性的同时，曾经的共同体和社会所共同遵守的信仰、文化等价值共识准则也逐步解体。价值的个体主义和怀疑主义冲击着普遍性和一致性的信念，整个社会蕴含着深层的价值共识危机。

价值的个体主义是个体化社会价值困境的直接表现，它源自个体化社会中事实和价值、私人领域和公共领域、个人道德和社会道德的分离。传统社会是一种目的论的价值体系，事实与价值紧密相连，事物和行为的背后都被赋予特定的价值和意义。在目的论的价值体系中，每个人都根据其在社会中的位置，通过自己的行为来完成特定功能，进而实现自身价值。个体化社会则切断了事实和价值之间的联系，理性在工具意义上被广泛使用。工具理性强调的是"计算"，关注的是经验事实。因此，世界不再是一个充满意义和价值的场所，而是变成了一个利益竞争的角斗场。人生的目的和意义被对物质和金钱的简单追逐所覆盖。价值的个人主义还源于私人领域和公共领域的分离。社会成员在个体化的过程中不断"脱嵌"和"去魅"，获得了更大程度的自主性。个体的思想观念和行为方式不再与特定的意义和价值相关联，而仅仅是一件关乎个人的私事。个体的生活世界分离为私人领域和公共领域两部分，公共领域由法律进行约束以维持秩序。价值从私人领域被驱逐出去，对价值观念、道德信念、生活方式和行为方式的选择成为个人自由意志的结果。关于什么是"善"的普遍社会道德问题也归属到私人领域，从一种必须遵循的规范变成了个体自我选择的特殊生命理想，其所构成的道德期许和自我约束原则是由自我设定的，不能普遍地适用于每一个人。

个体化社会价值困境的第二个表现是价值的怀疑主义。后现代性把一切包括它自身都视为批判、质疑和解构的对象，道德、信仰、价值和文化体系在变得个人化的同时，也意味着怀疑主义成为一种常态。传统价值权威的建构更多地采取"圣人、经典和宏大叙事"的形式，"这些伟大的先知以他们非凡的人格力量与深邃智慧，把人类的基本价值和文化的早期积累凝结为系统的文献形式，取得了经典的意义"①，成为价值权威的主要来源。这种精英主义式的价值权威建构因个体化社会中教育的大众化和知识获取的便捷性被消解。知识高度分化使得现代社会中的价值权威人物丧失了古代智者百科全书式的特征。他们只会就自己所在的具体领域给出解答，"甚至那些居于特定领域核心区域的专家也可能会发现，他们在做一个决定时所处的情景与外行人士所面临的情景相差无几。在一个缺乏终极权威的体系中，即使那些最为深信不疑地强调专家体系的理念也面临着修改，并且对这些理念进行定期修正也是极为平常之事"②。

（二）多元社会的价值整合

价值的个人主义和怀疑主义泛滥的背后，是多元社会的价值未能整合导致的社会成员价值与信仰危机。个体化社会中社会成员的信仰，把追求物质和实用的趋利避害功能发挥到了极致，"从治病消瘟、消灾免祸、祈雨求晴到升官发财、生男生女，无不可以向神祈求。对个人来说，不管何种宗教何种神灵，只要灵验，都是可以崇拜祈求的"③。要重建多元社会成员的价值与信仰体系，解决个体自我认同和社会认同的危机，除了依靠个体的自主性和能动性，通过彼此间的交流、对话、协商等方式达成价值共识外，国家要对多元的文化和价值观念进行整合，重塑社会主流价值观念和体系，形成对个体的正面引导以维护社会的团结和秩序。

---

① 陈来：《价值·权威·传统与中国哲学》，载《哲学研究》1989 年第 10 期，第 26 页。
② ［英］安东尼·吉登斯：《现代性与自我认同：晚期现代中的自我与社会》，夏璐译，中国人民大学出版社 2016 年版，第 131 页。
③ 安伦：《理性信仰之道：人类宗教共同体》，学林出版社 2009 年版，第 212 页。

国家在进行价值整合的过程中，首先要尊重和包容差异性的多元价值。价值的个人主义、差异和多元化是个体化社会的必然状态和持久条件，价值观善恶的判断标准，更多的不是取决于对象的本质，而是取决于个体的主观判断。因而面对不同的价值观念，应抱着一种包容、尊重和学习的态度，正如麦金太尔所说，"每一种传统和价值观念，都能凸显其解决各种难题，消解各种困难和学习如何进一步从其对手的批评中显示它能够提供迄今为止有关这样或那样课题之最佳解释的能力"①。马克思也把每个人的自由发展视为一切人自由发展的条件。在个体化的社会中，个体自主性的增强、自我价值的实现和对多元利益的诉求有其合法性和正当性基础，个人价值的彰显和个人利益的追求与社会整体价值和公共利益并不矛盾，二者是辩证统一、共生共存，而不是此消彼长的关系。

面对多元的价值文化，国家既要尊重差异，还要重塑社会主流价值，注重社会发展的价值排序，引导形成全社会的价值共识。由于"绝大部分变化都只局限于私人生活领域。不平衡，是因为对个人权利的强调并没有带动对他人权利的尊重以及对公众社会的负责。……是一种极端形式的自我中心观念。正是这种观念使得青年人理直气壮地抛开所有的责任与对他人的尊重，使得个人极端自我中心"②。社会的核心和主流价值体系是国家发展与社会团结的力量和精神纽带，国家一方面要进一步加强社会主义核心价值体系的建构——既要加强核心价值体系的理论建设，更要通过社会成员的认知、体验和信仰实践使其内化于个体的行为；另一方面要积极挖掘传统和历史的价值。正如安东尼·D. 史密斯指出："没有记忆就没有认同，没有认同就没有民族。"正是关于过去的集体记忆把分散的个体结合在一起。"一个民族对国家

---

① ［美］A. 麦金太尔：《三种对立的道德探究观——百科全书派、谱系学和传统》，万俊人等译，中国社会科学出版社1999年版，第2页。

② ［美］阎云翔：《私人生活的变革：一个中国村庄的爱情、家庭与亲密关系（1949—1999）》，龚小夏译，上海人民出版社2017年版，第255页。

过去的历程中那些难以忘怀的苦痛与创伤以及不凡的成就和荣耀共同构成这个民族最基本的心理基础。……即使后代并没有亲身参与其中，但他们同样分享着先辈的苦难与荣耀。"[①] 社会成员所共享的关于国家、民族过去的历史记忆对于增进民族的凝聚力、发展和守护国家与社会认同发挥着巨大作用，这也是国家对个体化社会中社会成员自我认同与社会认同危机治理的应对选择。面对一元与多元、自由与平等、公平与效率等差异价值的冲突，国家要以制度规范引导整个社会的价值取向，既要尊重差异，更要协调自由与秩序的关系，为构建一个团结的共同体而努力。

三、个体化社会中的信用体系建设

个体化的社会是一个充满风险和不确定性的社会，国家构建社会保护机制帮助个体抵御风险的过程不仅是指对社会成员生存、发展条件的保障和精神层面的引导。在一个高度流动的个体化社会中，个体不断脱离曾经生活于其中的熟悉的共同体而进入一个陌生社会，传统熟人间的信用体系不再发挥作用。如何在一个陌生的社会环境中构建起人际交往的新的信用体系，从而使个体免于交往行为中的不确定性风险，是社会治理面临的重要议题。

（一）个体化社会中的信用危机

信用是指人类交往行为中一切涉及承诺与践约、规定与遵守的特定关系、道德意识和规范。信用既为交换活动所必需，同时也是交换活动的重要原则。社会信用体系则是指由法律、制度、规则和机构所组成的支持、辅助和保护人际交往得以顺利完成的社会系统。传统社会的信用体系是通过血缘、地缘

---

① 陈明明主编：《治理与制度创新》，上海人民出版社 2014 年版，第 172 页。

关系为纽带建立起来的，是在个体彼此长期的人际交往过程中、在相互熟悉和信息对称的条件下发展起来的具有确定性的社会系统。在一个高度流动性和开放性的个体化社会中，随着人际交往范围的扩大和交往形式的虚拟化，个体不再处于一个充满确定性和彼此熟悉的社会场景之中，人际交往更多地发生在没有联系纽带的陌生个体之间。既有的社会信用体系在一个新的个体化的社会治理场景中很难再发挥出之前一样的效用。

社会信用危机出现的原因首先源于既有社会信用体系对个体化社会新场域的不适应。由于个体的自主性和社会的高度流动性，个体化社会中的人际交往和互动行为打破了传统人际交往中血缘和地域纽带的限制，社会成员要独自面对一个全新的、陌生的、不确定的环境。既有的社会信用体系是一种信任熟悉人排斥陌生人的机制，由于"在社会关系中忽略了每个人对自己不相识的人所应有的社会职责，这种忽略的灾难性是严重的。……家庭与朋友一起组成了一座有围墙的城堡，城内是最大限度的共产主义大协作，相互帮助；对城外的世界则采取一种冷漠无情、一致对抗的态度"[①]。社会个体化对传统的解构进一步削弱了人际交往中的信用关系。由于既有社会共同的行为准则、道德规范和社会经验对现实生活不再具有指导作用，个体的行为变得更加不确定，人际交往的后果变得更加难以预料。网络信息技术的发展开拓了人际交往和互动的新形式，间接的、不在场的虚拟交往替代了传统的面对面交流。既有的社会信用体系无法发挥其约束作用。国家虽然在法治保障和信用体系建设方面进行了积极的努力，但由于与个体化社会相适应的契约关系、信用关系没有得到充分发育，加上对失信行为的监督和惩罚力度不足，从个体、社会到政府层面，既存在因监督不力而使失信行为未受惩处的情况，也存在失信者受到惩罚的成本小于收益的情况，从而导致追逐个人私利的各种失信行为的存在。

---

① 林语堂：《中国人》，郝志东、沈益洪译，学林出版社 2007 年版，第 137 页。

（二）信用体系建设的国家职责

在一个开放、多元和快速流动的个体化社会中，人际关系的信用危机已经成为一个紧迫的社会治理问题。面对一个不断变动的陌生社会环境，个体无法建立起传统熟人间有意义的、持久的人际信用关系。网络社会的兴起使得个体间的人际交往具有匿名性、开放性、平等性和自由性的新特征。面对社会关系和人际交往的新场景，现代社会需要一种新的信用体系来替代传统社会成员之间的信任关系。制度规范因其公正性、有效性和普遍化的特征成为个体化社会中社会信用体系构建的基础。

社会信用体系的建设是一个庞大而复杂的系统工程。在社会信用体系的建设过程中，首先要重塑的是政府自身的信用。社会成员对政府及其工作人员的信任是整个社会信用的基础，也是政府自身合法性的重要来源。良好的秩序需要法律的规范和约束，政府自身的行为也不例外。因此政府在行使权力的过程中要完善法律法规和规章制度，坚持依法行政，严格约束自身的行为。在整个社会信用体系的建设过程中，国家要通过政治、经济、法律和市场等多种手段，既要扮演好社会信用体系建设的引导者角色，加强整个社会信用体系的宣传和氛围的营造；又要扮演好规则制定者的角色，用明确的法律规章制度对个体的人际交往行为进行规范；还要扮演好社会失信行为的监督和惩罚者角色，确保社会的公平公正和信任体系的良好运转，构建起完善的社会信任和安全网络。

与传统层级分化社会不同的是，现代社会是一个功能高度分化和专业化的社会。个体虽然获取知识和信息更加容易，但爆炸式的海量信息常常超出了个体的认知和能力范围，社会各个领域拥有专业知识的专家因其权威性成为社会信任的直接对象。这种新的功能性信任建立在对专家系统及其背后的制度信任的基础之上，是整个社会信用的"晴雨表"。由于知识的复杂化、精细化和专门化，"这种信任关系往往是以一方'依赖'另一方的形式出现。

被依赖方处于主动地位，掌握着信息和资源。而依赖方则处于被动地位，对被依赖方是否会'背叛'他们缺乏控制能力"①。以专家为代表的抽象系统广泛地渗透到个体的日常生活中，制造了更多的潜在风险。国家一方面要通过制度对专家行为进行约束，另一方面要充分发掘传统人际信用体系的价值作为补充。只有一个在制度规范下运行良好的社会信任体系才是国家治理最坚实的基础。

在个体化的社会治理中，国家既要构建一套包括个体物质生活层面的福利保障、精神层面的价值引导和人际交往层面的社会信用在内的社会保护体系，帮助个体抵御风险；同时也要转变治理过程中的确定性思维和控制逻辑，真正实现从社会的"管理者"向"服务者"的转变，运用更加开放、多主体治理的方式来实现整个社会的良善治理。

第二节　社会组织：个体化社会治理的社会应对

社会个体化的进程引发了传统的共同体和既有社会结构的消解，国家、社会与个人的联结纽带松弛，个体与社会、国家的关系日益疏离，社会治理面临着如何实现高效、有序的参与和社会团结的重要议题。社会组织作为现代社会治理结构中的重要一环，对于个体化的社会治理问题发挥着重要作用。中国的社会组织由于成长发展的独特背景和历史过程，呈现出鲜明的特征。社会组织要在个体化社会治理中更好地发挥作用，需要从自主性和公共性两方面进一步加强建设，努力实现社会治理的秩序与活力的平衡。正如勒庞所说："当古老的社会柱石一根又一根倾倒之时，群体的势力便成为唯一无可匹敌的力量，而且它的声势还会不断壮大。我们就要进入的时代，千真万确

---

① 杨雪冬等：《风险社会与秩序重建》，社会科学文献出版社 2006 年版，第 232 页。

将是一个群体的时代。"① 在个体化的社会中，群体是一股巨大的力量，也是实现社会良善治理的重要主体和载体。

一、社会组织参与社会治理的功能与作用

与西方国家非政府组织不同，中国的社会组织是中国特殊历史、文化和体制的产物。历史上很早就有民间社会为实现某种目标进行结社的社会组织雏形。近代以来，中国的民间组织为了适应民主革命的需要逐渐转变为具有现代性质的社会组织。新中国成立后，中国的社会组织随着经济体制、政治和社会体制等方面的综合改革不断发展演化。在多元的社会治理主体中，社会组织因其组织性、非营利性、非政府性和社会性的独特属性，在现代社会治理中发挥着越来越重要的功能与作用。

（一）承接政府公共服务职能，创新公共服务方式

现代政府是一个有限政府，政府职权的边界也越来越清晰。政府虽然承担社会管理和公共服务职能，但不可能涵盖所有的社会公共事务。由于部分公共事务非营利性的特征，营利性组织因为考虑利润又不愿意参与公共服务的提供。在国家职能没有覆盖到或者无法很快实现的部分公共服务领域，社会组织参与其中承接职能已经是大势所趋。政府要保障的是社会基本公共服务的供给，对于非基本的公共服务，可以由社会组织等第三方组织来提供。甚至基本的公共服务也可以通过政府购买社会服务的方式进行。社会组织的功能就是在国家放权后，"把政府不愿管、不宜管、管不好的社会事务管起

---

① ［法］古斯塔夫·勒庞：《乌合之众：大众心理研究》，冯克利译，中央编译出版社 2014 年版，第 2 页。

来，政府以宏观调控的视角与社会组织一起分工合作管理社会事务"①。因此，承接政府公共服务职能，是社会组织参与社会治理的一个首要功能和作用。

社会个体化的进程引发了社会成员价值观念层面的个体化，整个社会的利益结构更加多元化，社会成员的利益需求也更加个性化和差异化。社会结构变迁与社会体制改革带来的经济的市场化、政治生活的民主化以及社会成员自主性的增长等方面的变化，所有这些因素都使得整个社会公共事务变得更加复杂。政府提供公共服务要更多注重公平，这容易导致提供的社会公共服务个性化程度不够或者成本太高，政府要全面满足各方主体的复杂利益需求显然很难实现。在这样的社会治理场景中，需要一个新型的组织结构形式来满足社会公共事务管理和服务的个性化、差异化需求，社会组织正好满足这一需求。相对于社会治理的政府主体，社会组织具有数量多、类型广、灵活度高等特点，能够向社会成员提供更为个性化、多元化和人性化的社会公共服务。

（二）反映社会诉求，化解利益矛盾

在中国治理现代化的几十年实践中，形成发展并完善了多样化的社会成员利益诉求和表达渠道。这些渠道既有正式的制度化的渠道，如各级人民代表大会、政治协商会议、听证会、信访和法律途径。也有非制度化的渠道，如网络空间等。进入新时代，我国社会的主要矛盾已经转化为人民日益增长的美好生活需要和不平衡不充分的发展之间的矛盾。相比物质生活需要，人民群众对美好生活的需求更具差异性和多样性。社会个体化的进程让社会成员从行为到价值观念变得更加自我和个体。社会成员的利益诉求更加个性化和差异化，有着更为强烈地参与社会公共事务、表达利益诉求的愿望。制度化的渠道相对单一，并且能够容纳的参与主体十分有限。改革开放以来，我

① 郭剑平等：《治理视野下社会组织的作用与法治化建设研究》，中国政法大学出版社 2019 年版，第 102～103 页。

国社会组织无论在数量上还是在规模上都有了快速发展。社会组织的成员来自不同地域、行业，代表着不同的利益群体，具有广泛的代表性。通过组建和参加形式多样、活动丰富的社会组织，可以满足社会成员参与社会治理的要求，畅通参与社会治理的渠道，降低参与社会治理的成本，规范参与社会治理的行为。

个体化社会中，社会成员个性化和差异化的利益诉求更容易产生矛盾纠纷和冲突，需要一种更加高效的调节化解机制，对社会治理提出了更高的要求。社会组织因为其自治性、专业性、公益性、中介性的特点，在化解利益矛盾纠纷和冲突中具有独特的作用。专业领域的矛盾纠纷交给专业人士解决，社会成员的矛盾交给社会成员自己解决，更容易让矛盾纠纷和冲突的双方取得共识、达成谅解。社会成员可以借助社会组织平台处理和化解矛盾纠纷，维护自己的合法权益。同时，社会组织还可作为国家和社会成员之间的纽带，既可以自上而下对国家关于社会治理的需求和措施安排进行传达传递；也可以把社会成员强烈关注、集中关心的利益诉求进行汇聚整合并向上表达反映，实现国家和个人之间的良性互动。在个体化的社会中，社会利益结构和需求结构高度分化，只有吸纳不同社会组织参与到多中心的治理网络中去，才能更好地协调不同利益群体的利益诉求，建立起长效的社会自我协调机制。

（三）激发社会自治活力

有效的社会治理需要国家、社会、个人等主体的多方互动，如何激发社会成员参与社会公共事务的积极性和能动性、增强社会自治活力成为一个非常重要的因素。社会组织的行动是"有意义的社会行动，承担着重新发现人性、尊重人的主动性的任务。社会组织的行动重构了人们在公共领域和日常生活领域的关系，……成为个人地位、功能、责任与自我管理的来源"[1]。普

---

[1] 姜宁宁：《后工业化进程中的社会组织角色研究》，经济管理出版社 2021 年版，第 128 页。

通社会成员参与社会治理的专业知识和能力都比较缺乏，只有通过参与社会组织内部民主选举、民主管理和民主决策，在参与的过程中不断加强学习，才能锻炼其自我组织、自我管理和参与社会治理的实践能力。社会组织本身的自治能力也只有在一次次的社会治理实践中才能不断提升。

个体化社会中的社会成员更多关注个人的、私人的事务，缺乏对公共事务的热情和动力。社会治理不但需要社会成员愿意主动参与，有能力参与，更需要社会成员愿意主动付出。只有在社会组织中参与社会治理，社会成员才能进一步形成关于个人与国家、个人与社会、个人与他人之间关系的正确的道德观念和价值取向，提升参与社会治理的主人翁意识和责任感。社会组织本就是以非营利性、公共性为特征，不以营利为目的。部分社会组织更是突出强调社会成员参与的志愿性和服务性，主动在社会成员中促成公共服务精神的形成，唤醒公众的参与和服务意识。一个社会自治的活力如何，直接关系着社会治理的成效。只有在社会治理的实践中，才能更好地锻炼和提升社会成员与社会组织的自治能力和公共服务精神。

社会治理是一个复杂的系统工程，需要从上而下的组织力量和全体社会成员有序参与。社会个体化的进程解构了传统的共同体，国家的职能范围也不断缩小，社会变得更加原子化和碎片化。个体与社会、国家变得更加疏离，而治理的现代化又需要多元主体共同参与公共事务。中共十九届四中全会明确提出，要加强和创新社会治理，完善党委领导、政府负责、民主协商、社会协调、公众参与、法治保障、科技支撑的社会治理体系，建设人人有责、人人尽责、人人享有的社会治理共同体。如何实现现代社会治理体系七个环节的有机衔接，社会组织正好可以发挥沟通、交流和互动的媒介与桥梁作用。

二、当前社会组织发展的特征

社会组织在承接政府公共服务职能、反映社会利益诉求与化解矛盾纠纷、激发社会自治活力等社会治理领域发挥着重要作用，在个体化的社会治理场景中尤其需要进一步发挥社会组织的社会治理功能。新中国成立后，我国社会组织的发展历经艰难和曲折。社会组织真正现代化的进程，始于改革开放。改革开放后，在经济体制改革和政府职能转变的大背景下，经过政府自上而下地推动、培育和支持，我国社会组织发展先后经历了形成阶段和成长阶段，才逐渐走向成熟。总体上看，社会组织规模日益壮大，功能覆盖到主要社会治理领域，并且能够有效嵌入基层治理网络中。个体化的治理场景对社会组织参与社会治理提出了新的要求，社会组织要想进一步发挥社会治理的功能，其当前发展也面临着整体结构不平衡、专业化水平有限、公共性水平有待提升的问题。

（一）规模日益壮大，整体结构欠平衡

改革开放以来我国社会组织的发展经历了一个从无到有、曲折发展、成长壮大的过程。1988 年民政部开始设立"社团管理司"，社会组织开始了统一的登记注册管理工作。据民政部数据统计显示，我国登记注册的社会组织数量呈逐年增长趋势。截至 2021 年底，我国共有社会团体 37.111 万个，基金会 0.8877 万个，民办非企业单位 52.1883 万个，社会组织总量达到 90.2 万个，吸纳社会各类人员就业 1100.0 万人。[①] 从分布地域看，我国社会组织已经遍及全国 22 个省、4 个直辖市和 5 个自治区。从涉及领域看，截至 2017 年底（2018 年及以后，民政部社会服务发展统计公报不再公布社会组织具体所涉类别），我国社会组织所涉领域涵盖工商服务业类、科技研究类、教育类、卫生类、社会服务类、文化类、体育类、生态环境类、法律类、宗教类、农业及农村发展类、职业及从业组织类等领域。[②] 从数量、地域分布、到涉及领域看，我国社会组织的规模日益发展壮大。

[①] 数据来源：民政部《2021 年民众事业发展统计公报》。

[②] 数据来源：民政部《2017 年民众事业发展统计公报》。

社会组织虽然获得了快速发展，但从整体结构上看，发展并不平衡。一是数量增长快，但人均拥有量不高。截至 2021 年底，社会组织总量虽然高达 90.2 万个，但平均下来，每万人仅拥有已登记注册社会组织数 6.4 个。二是分布广，但地域发展不均衡。社会组织虽然以各种形态覆盖了全国，但各个地区的分布差距很大。截至 2022 年第一季度，江苏省、浙江省和广东省分别拥有社会组织数 8.7575 万个、7.2739 万个和 7.1945 万个，排名前三。西藏自治区、宁夏回族自治区和青海省拥有的社会组织数量最少，分别为 0.0632 万个、0.47 万个和 0.6094 万个。① 并且这种差距随着经济的发展还有进一步扩大的趋势。三是涉及领域宽，但组织结构类别不平衡。截止到 2017 年底，我国社会组织中数量最多的是民办非企业单位，共有 40.0 万个，占社会组织总量的 52.49%；其次是社会团体，共有 35.5 万个，占社会组织总量的 46.59%；基金会最少，共 6307 个，占社会组织总量的 0.82%。而且从整体上看，商业性行会、商会居多，公益性慈善组织较少。②

（二）内部治理机制不断优化，但仍需完善

社会组织内部治理机制的完善程度直接影响着社会组织参与社会治理的成效。其变化受多种因素的影响，包括国家层面的政策和制度环境、社会层面媒体与公众的参与和监督以及社会组织自身寻求发展的动力等。改革开放以来，随着国家逐步对社会组织登记管理体制进行改革，简化了登记流程，降低了准入门槛，为社会组织的发展提供了更大的空间。与此同时，政府越来越重视加强对社会组织内部规章制度的建设，如理事会会议制度、财务制度、用工制度等。政府还对社会组织机构的完善提出了具体要求。目前，我国社会组织都建立了理事会、秘书处、监事会等较为完备的组织机构。社会

---

① 数据来源：民政部统计季报《2022 年 1 季度民政统计分省数据》。
② 数据来源：民政部《2017 年民众事业发展统计公报》。

层面，随着公众对社会组织了解的加深、参与的增多，对社会组织进行监督的意识也进一步增强。信息传媒的发展更是扩充了社会公众参与和监督社会组织的手段与方式。面对政府的政策要求与社会公众的监督，社会组织要想获得更多的发展，就不得不努力提高管理人员的水平，改善其内部治理的机制。

在多方共同推动下，我国社会组织的内部治理结构与治理机制不断完善，逐步构建起一套完整的决策、管理和监督组织框架，但仍然存在许多需要进一步解决的问题。在国家制度层面，关于社会组织内部治理的法律政策还不完善。社会组织方面的实体法较少，相关法律规定的操作细则有待加强。社会组织"双重管理"的制度更多注重程序上的合法性确认，关于社会组织具体权利义务的实体规定还不够明确。社会组织自身也需要及时了解相关的法律法规和政策要求并做出调整。社会组织自身方面，一是活动经费少，筹资能力低。2014 年的数据统计显示，我国 25.74% 的社会组织年度支出为 0～2 万元，20.31% 的社会组织年度支出不超过 10 万元。社会组织从整体上财政规模较小，活动经费较少，筹资能力偏低。[①] 二是具有专业资格的从业人员占比较低。截止到 2021 年底，社会组织拥有职工总人数为 1061.8599 万人，其中 38.6% 受教育程度为大专以上。但是具有助理社会工作师和社会工作师两类执业资格的职工人数仅为 17.6483 万人，占总数的 16.6%。[②] 三是在社会组织内部的治理制度方面，权力机构、决策机构、执行机构和监督机构四个主体之间的职责与权力尚未清楚界定，没有形成有效的监督与制衡机制。人事、财务等重大事项的公开制度不健全，信息对外披露的公开性和透明程度需要进一步提高。

[①] 黄晓渝、蒋永穆、任泰山：《中国社会组织演化：过程、动因及政策》，光明日报出版社 2021 年版，第 113 页。

[②] 数据来源：《中国民政统计年鉴（2021）》——社会服务当年分省统计资料——社会组织 C‑3‑2 社会组织总表。

（三）功能覆盖主要社会治理领域，公共性水平待提升

不同于个人层面、市场层面和政府层面的公共性，社会组织的公共性具有特殊的属性。相对于社会成员公共性的个体形态，社会组织的公共性是个体公共性的延伸和扩展，是一种组织形态的公共性。相对于市场而言，社会组织以非营利性为组织生存和发展的价值目标，因而是一种常态化的公共性。相对于政府而言，社会组织不以强制力为后盾，更多是基于自愿和自治的柔性公共性。正是社会组织公共性这三方面的属性决定了其在社会治理中的重要作用。在社会治理的实践中，社会组织的公共性输出主要表现为公共言论的生产和公共服务的提供。不同社会组织由于目标的不同，在这两方面可能会有所侧重，但整体而言，公共性本身是跟社会组织的内在特性、目标和发展融为一体的。

作为"社会协同、公众参与"的重要实施载体，社会组织经过多年的建设，其社会治理功能得到了长足发展，在街道、社区、基层党组织和政府搭建的各类公共治理网络中发挥了重要作用，在化解基层的一些治理难题中逐渐崭露头角。但是，社会组织的公共性水平并未得到同步提升，"社会组织更多是作为基层治理部门购买服务的任务承担者角色出现在基层治理舞台上，其代表公众意见、反映社区多方诉求、表达居民利益的角色有时会让位于治理任务执行者的角色"①。

三、个体化社会治理中的社会组织

社会的个体化进程把个体从传统的共同体和社会结构中解放出来，变得更加自主和独立。个体化时代的社会治理面临着治理问题的个体化、治理组

---

① 黄晓春：《当代中国治理转型与社会组织发展》，社会科学文献出版社 2020 年版，第 15 页。

织能力的弱化、治理合作难以达成等新的社会治理挑战。社会组织发展整体结构不平衡、内部治理机制不完善、公共性水平不高的当代特征对社会组织在个体化社会治理中发挥作用形成了新的挑战。社会组织要坚持和完善党建引领，从培养自主性和公共性着手，在社会治理中发挥更加重要的作用。

（一）社会组织的自主性建设

个体化社会中，社会成员的利益诉求变得更加个性和差异。要吸纳社会成员有序参与社会治理，有效表达诉求与协调矛盾，这对社会组织的自主性建设提出了更高的要求。已有关于社会组织自主性的研究主要包括两个层面：一是政治结构意义上一个国家的制度性安排所允许的社会组织自主性可以达到的水平；二是社会组织在社会治理的实践中采取何种行动和策略来获得和创造自主性。两个层面的自主性都与国家的宏观政策关系密切。当前关于社会组织的主要法规和政策文件大致可分为纵向的"条"和横向的"块"两类。纵向"条"的制度包括从中央到地方政府中业务性质和内容相同的部门规范。它们更多把社会组织定义为服务的承接者，主要通过项目的方式与其展开合作，因而倾向于以较为宽松的态度来对待社会组织。但由于每个"条"都有相对清晰的业务领域，因而仅支持社会组织在有限领域内开展活动的自主性。横向的"块"主要是各层级的地方政府的政策制度。"发展社会组织不仅意味着公共服务模式创新，而且是重要的工作绩效指标。"① 由于每个"块"的业务领域更加广泛，因而支持社会组织在更大领域上发展其自治性，但倾向于限制社会组织的活动地域。

由此可见，在社会组织的自主性建设上，除了微观的社会治理行动策略

---

① 黄晓春：《当代中国治理转型与社会组织发展》，社会科学文献出版社 2020 年版，第 161 页。

选择外，更多受到宏观政策的影响。因此，要加强社会组织的自主性建设，首先要尊重社会组织的主体地位。不仅要在宏观制度上鼓励社会组织发展，而且还要从合法性赋予、管理与登记等方面尽可能为其提供更加方便和快捷的服务，支持社会组织在不违背法律法规条件下的自主行为方式及开展的各类活动。加强社会组织的自治性建设，还要健全保障社会组织具体运行的法律法规。要从制度的层面使其权利义务、活动规范和运行规则显性化和明晰化，更加具备操作性。最后还要构建支持社会组织发展的公共财政扶持体系。社会组织由于其非营利性的特征，资金来源与筹资能力有限。各级政府要从财政经费上更多支持社会组织开展活动，鼓励它们积极投入到社会治理实践中去。

（二）社会组织的公共性建设

社会组织的公共性是一种组织形态的、常态化的、柔性的公共性，因而在个体化的社会治理中，对于加强个体与社会、国家的联结，重建团结和秩序显得尤为重要。社会组织的公共性建设，首先要注重社会组织从成立到开展活动整个过程的公共价值导向。个体化的社会是一个更加碎片化、原子化的社会，个人与社会之间的直接关系相对更加疏离。社会组织参与社会治理的首要目标就是要把原子化的个人与社会、国家重新联结起来。因此，社会组织要把个体从私人领域中拉出来，组织他们就共同关心的问题进行参与和讨论，逐步实现私人向公众的转化。社会组织形成和参与社会治理的过程要注重体现自愿性、自主性和非营利性：社会组织的成立以社会成员的自愿联合为基础，而不是其他外在因素和力量驱使下的被动行为。社会组织开展公共活动的过程要体现社会成员的自主意志和共同意志，这一过程本身就是公共性的生产过程。社会组织开展公共活动的过程虽然是不同个体间的"私人"结合，但要变私为公，不以追逐物质利益为目的。把私人生活与公共生活、个人与他人联结在一起，是社会组织公共性建设的起点和基础。

社会组织的公共性建设，在公共性的输入之外，还要注重公共性的产出。把个体化的社会成员与社会、他人联结起来共同参与固然重要，同样重要的是提供的参与是否是一种公共生活和公共事务的参与，亦即社会组织的活动内容是否纳入国家制度的框架，国家是否为社会组织参与公共生活和公共事务提供条件和保障。作为"社会协同、公众参与"的重要实施载体，社会组织协调和参与国家公共事务的广度和深度如何，决定了个体和群体能够在多大程度上走出私人空间，又能在多大程度上参与公共空间。社会组织的公共性输出主要表现为公共言论的生产和公共服务的提供，两者都需要良好的制度条件和环境。由于受到公共性路径依赖的影响，社会组织公共性的发展面临着"工具性支持"的现象："社会组织更多地只是扮演一种帮助政府提供公共服务的工具性组织的角色，社会组织作为开拓公共性的主体地位未能良好地展现出来。……政府部门对社会组织功能发展的支持，需要从'工具性支持'转变为'主体性'支持，以充分展现出社会组织开拓公共性的主体地位。"①

（三）党建引领社会组织参与治理：个体化社会治理的活力与秩序

社会组织自主性和公共性的建设路径不同，但目标一致：都是希望激发社会活力、动员各种社会力量和公众参与到各类社会治理的实践中去。国家向社会领域的赋权一直在进行，但是在一个个体化的社会中，国家赋权后如何保证社会形成良性的协调能力以实现有序的参与，党建引领社会治理成为一种新的应对机制。中共十九大报告对党的基层组织建设提出了明确要求，强调要把企业、农村、机关、学校、科研院所、街道社区、社会组织等基层党组织建设成宣传党的主张、贯彻党的决定、领导基层治理、团结动员群众、

---

① 唐文玉：《社会组织公共性：价值、内涵与生长》，载《复旦学报（社会科学版）》2015 年第 3 期，第 171 页。

推动改革发展的坚强战斗堡垒。与既有关于社会组织纵向的"条"和横向的"块"两类法规和政策文件不同，党群部门并没有政府职能部门那样清晰具体的公共服务绩效考核目标，更侧重于通过组织建设加强引领。在党建引领社会组织参与社会治理的实践中，党建更注重价值引领、人才引领、专业引领和项目引领，从而在激发社会组织活力的同时又有效地嵌入柔性的秩序，在社会治理的秩序和活力之间实现平衡。

党建引领社会组织参与社会治理，有其独特的机制和路径。首先是要以组织建设引导社会组织规范发展。社会组织大多规模较小，内部治理结构较为松散，通过加强组织建设的方式，对具备条件的社会组织及时督促建立党支部。社会组织中的基层支部要紧密围绕党章赋予党的基层组织的基本任务开展工作、团结群众，保障社会组织的正确方向，对社会组织的重要决策提出意见并加强监督。通过组织建设促进内部规章制度建设，进一步提高社会组织内部治理的制度化和民主化水平。其次要构建多元的公共空间和治理网络，吸纳支持社会组织成长。社会组织具有较强的社会动员能力，但其开展活动更多围绕社会成员的日常生活领域进行。要通过党建引领搭建更多的公共事务治理的空间和平台，把社会组织吸纳到社会治理的公共领域中去。党组织还可以依托跨领域、跨体系、跨层次的组织网络，从赋予合法性和机会的维度为社会组织的发展提供支持。社会组织依托党建纽带，在许多开放性决策环节有更多机会嵌入到社会治理的实际过程。另外，国家的意志与目标也可以借助党建有效嵌入社会组织的内部运作过程，"这种'双向嵌入'的结构使得国家与社会双方的权力都得到了提升，在一定意义上形成了'双向赋能'。这也意味着国家与社会在基层治理领域正在形成日益紧密的合作模式"[1]。

---

[1] 黄晓春：《当代中国治理转型与社会组织发展》，社会科学文献出版社 2020 年版，第 147～148 页。

第三节 共同体的"再嵌入"：个体化
社会治理的个人应对

在社会个体化的进程中，个体获得了更大的自由和自主，成为一个更加独立的存在。但个体化社会中的普遍困扰也正在于此："他们是不能累加的（not additive）。他们根本就不能为一个'共同目标'拧成一股绳。……由于个体不能携手面对和对抗困扰，所以这些困扰并未形成一个'比它的各部分之和更大的'总体，也没有获得新的、更容易对付的特质。……每个人的生活都充满了风险，需要独自面对并与之抗争。"① 个体的力量是羸弱的，只有凝聚成共同的立场和集体行动，齐心协力才能构建起抵御风险的牢固防线。正如弗洛姆所说，"解决个体化的人与世界关系的唯一可能的创造性方案是：人积极地与他人发生联系，以及人自发地活动——爱与劳动，借此而不是借始发纽带，把作为自由独立的个体的人重新与世界联系起来"②。在一个充满风险和不确定性的个体化社会，脱嵌的个体要再次融入共同体，重新建立起与社会之间的联系。只有这样，个人才能更好地抵御风险，社会治理才能真正实现活力与秩序。

一、共同体对个人的重要意义

社会个体化的进程既是个体不断脱嵌的过程，也是既有的共同体不断消解的过程。传统共同体消解的原因首先在于现代性的破坏。现代性通过理性

---

① ［德］乌尔里希·贝克、伊丽莎白·贝克－格恩斯海姆：《个体化》，李荣山、范譞、张惠强译，北京大学出版社2011年版，第25页。

② ［美］艾里希·弗洛姆：《逃避自由》，刘林海译，上海译文出版社2015年版，第23页。

的运用,片面地追求生产力和效率,以至于不惜毁坏掉那些曾经为个体带来生活意义和价值的各种传统,包括共同体。传统共同体消解的原因还在于后现代性对传统的解构。后现代性意味着个体对既有的社会制度、结构和实践的重新思考。由于未来充满了风险和不确定性,过去的传统和经验已经不再像从前那样影响并形塑个体当下的行为,因而共同体的重要性在个体的生活中大大降低了。市场化则把一切都简化为商品,对物质欲望和利益的追求取代了共同体中的精神价值。全球化和现代信息技术的发展为社会成员带来了更为多样化的选择,人口的高速流动和虚拟技术的发展对以地域为纽带的共同体造成了新的威胁。不同文化的价值和信仰、新的交往和联结方式导致了传统共同体的衰落。种种原因和迹象表明,社会变得更加个人本位,从生产、工作到生活,曾经的"标准化人生"变成了个体自主的"选择性"人生。然而所有这些只是意味着个体与共同体之间的联结纽带发生了变化,并不意味着个体不再需要共同体,共同体对人类的重要意义,从古至今一直都没有改变。

涂尔干从社会秩序的层面论述了共同体的重要意义。在社会个体化的进程中,那些建立在地域基础之上的组织和共同体逐渐没落。由于国家与个人之间的距离越来越远,"两者之间的关系也越来越流于表面,越来越时断时续,国家已经无法切入个人的意识深处,无法把他们结合在一起……甚至人们之间也会相互脱离,社会也相应地解体了。在政府和个人之间没有一系列次级群体的存在,那么国家也就不可能存在下去。……一种有力的法人团体正是治愈这种疾病的手段"①。涂尔干关注的是社会团结,正因为如此,他才尤其警惕共同体解体后的个体化现象导致的社会失序风险。由此可见,共同体是国家和个人联结的纽带,对个体生存之社会秩序的维持发挥着重要作用。

---

① [法] 爱弥尔·涂尔干:《涂尔干文集》(第 1 卷),渠敬东译,商务印书馆 2020 年版,第 41 页。

共同体对个体的意义还在于共同体能够满足个体的心理需求。个体摆脱束缚获得自由的过程是一个辩证的过程。一方面，个体日趋完善，理性能力不断增强，对自然的支配越来越得心应手。另一方面，个体化的进程同时意味着个体的孤独感和不安全感的日益增加。个体对生命逐渐产生怀疑，独自面对社会过程中的无能为力和微不足道感也日益加深。由于失去了为其提供安全的共同体纽带，自由开始变成一种负担，于是"人便产生了逃避这种自由的强烈冲动，或臣服，或与他人及世界建立某种关系，借此解脱不安全感，哪怕以个人自由为代价，也在所不惜"①。可见，共同体在为个人提供安全感和归属感方面有着重要意义。马克思也指出，人在本质上是社会关系的总和，社会性是人的本质属性。共同体满足个人对安全感、归属感和社会属性的需求，不是为个体提供一个抽象的准则，而是让个体融入共同体中去，在共同体内感受彼此的生活以及相互联系是一种真实的存在，是一种生动而重要的体验。

共同体之所以重要，还在于其在个体认同形成过程中的重要作用。"现代生活正在把我们所能想到的一切：上帝、自然、真理、科学、技术、道德、爱、婚姻，都转变成'不确定的自由'。所有形而上学和超验的东西，一切必然性和确定性，正在被艺术性（artistry）所取代。"② 个体的认同也在现代性的解构范围内。因而个体只有融入共同体中，通过对特定规范、准则、行为方式、价值观念的学习和共同体成员之间的交互行为，才能在与他人进行区分的过程中构建起新的自我认同。总之，共同体是人类的一项基本需求，它在维护社会治理秩序、满足个体的安全与归属感和构建自我认同的过程中都发挥着重要作用。

---

① ［美］艾里希·弗洛姆：《逃避自由》，刘林海译，上海译文出版社 2015 年版，第 23～24 页。
② ［德］乌尔里希·贝克、伊丽莎白·贝克－格恩斯海姆：《个体化》，李荣山、范譞、张惠强译，北京大学出版社 2011 年版，第 2 页。

二、重建个体与传统共同体的联结

传统共同体是以血缘和地域为纽带的共同体，家庭和邻里则是其对应的表现形式。在滕尼斯的笔下，传统共同体是一种亲密的、单纯的、温馨的共同生活。在以血缘为纽带的家庭共同体中，"亲属们共同生活在同一个屋檐下……亲属关系的意志与精神可以仅仅依靠自身、依靠纯粹的记忆滋养自己。人们无论相隔多么遥远的距离，仿佛都能感受到近在身边般的情感"①。邻里关系则是乡村共同生活的普遍特征。人们在日常生活中大量接触，相互交流，彼此适应。家庭和邻里一直是中国传统共同体的主要形式，在社会个体化的进程中，个体的交往方式发生了变化，血缘和地域的重要性相对下降了。在更完善的社会结构形成前，个体加强与以血缘和地域为纽带的传统共同体之间的联结是其抵御风险和不确定性的重要堡垒。

（一）家庭建设：血缘共同体的回归

社会的个体化进程改变了个人与家庭的关系，但作为血缘共同体的家庭仍然对个体有着不可替代的特殊作用和意义。在个体化社会中加强家庭建设，国家既要从制度上健全和完善支持家庭发展的政策，更要充分传承发挥传统家庭伦理的重要价值，还要正视家庭的变化，倡导构建新时代的家庭伦理观。

家庭建设首先要健全和完善家庭政策。家庭政策涉及国家与家庭、家庭与个人之间的关系。家庭政策的价值取向与制度设计对个体的行为会产生巨大的影响。中国现有的家庭政策大致可以分为两大类：一是针对全体社会成员的普遍性政策安排，如教育政策、就业政策、婚姻政策、生育政策等。二是针对特殊家庭和特殊人群的家庭政策，如对低收入家庭、贫困家庭、残疾

---

① ［德］斐迪南·滕尼斯：《共同体与社会》，张巍卓译，商务印书馆 2019 年版，第 88 页。

家庭、老年人家庭等一系列社会救助与福利政策。总体来看，呈现出"概念范围宽泛、目标指向含蓄、补救型模式"①的特点。要引导个体进一步实现血缘共同体的回归，个体化社会的家庭政策目标要更加明确，直接针对家庭或作为家庭角色的个人。各类政策要以家庭发展能力为标准进行划分，对处于不同发展阶段的家庭给予不同的政策支持，变救助性的政策措施为支持发展性的政策措施。在具体的政策支持上，不仅要有衣食住行等基础性的支持保障，更要有对家庭及其成员情感、工作、学习、应对风险能力等方面的支持。

家庭建设要充分发挥传统家庭伦理的价值和作用，传承好家风。2016年，习近平总书记在会见第一届全国文明家庭代表时指出，"家风是社会风气的重要组成部分。家庭不只是人们身体的住处，更是人们心灵的归宿。家风好，就能家道兴盛、和顺美满。家风差，难免殃及子孙、贻害社会。……广大家庭都要弘扬优良家风，以千千万万家庭的好家风支撑起全社会的好风气"②。个体化社会中的家庭面临着两性关系、代际问题、亲子教育等诸多困难。中国传统伦理规范包含丰富的家风教育、家庭和谐思想和处理家庭问题的智慧，对于个体化社会中的家庭建设仍然具有积极作用。一是要借鉴传统家庭伦理的道德规范，形成良好的家庭风气。传统家庭注重家庭内部的和谐秩序和家庭成员的亲情，并且十分强调个体的家庭责任。这些价值对当代家庭同样重要。二是要继承发扬传统家庭的教育思想，创新家庭教育的观念。传统家庭历来重视对子女的教育，在发展的过程中形成了"因材施教、身教重于言教"等诸多教育的理念和原则，这些宝贵经验同样可以促进个体化社会中的家庭教育。

---

① 李树苗、王欢：《家庭变迁、家庭政策演进与中国家庭政策重构》，载《人口与经济》2016年第6期，第5页。

② 习近平：《在会见第一届全国文明家庭代表时的讲话》，载《中国妇运》2017年第1期，第6页。

家庭建设还要正视个体化社会中家庭的多元发展，倡导构建与之相符的新的家庭伦理规范。在社会个体化的进程中，纯老人家庭、隔代家庭、单亲家庭、丁克家庭等非传统家庭大量涌现。面对性质、目标各异的家庭，传统的家庭伦理和家庭文化因其相对单一、标准化，难以有效发挥作用。因此，要正视个体化社会中家庭结构的多元化、交往方式的多元化、发展目标的多元化，既要对传统的家庭伦理规范进行去芜存菁、与时俱进；还要把新时代的理念和重要价值融入家庭中，重新构建适合个体化家庭的伦理规范。

（二）社区建设：地域共同体的回归

邻里关系之所以在总体上呈现出弱化的趋势，是因为地域为纽带的邻里关系在个人抵御社会风险过程中保障作用的下降，邻里关系对个体的重要性降低了。社区作为个体化社会最常见的基层治理单位，要代替传统地域共同体更好地发挥作用，实现从陌邻到睦邻的转变，需要创新治理模式，从空间改造、人际交往关系构建入手，打造一个有温度的社区地域共同体。

社区共同体建设首先要对社区进行空间改造。社区空间包括三个层面的含义。一是物理空间，即人们进行具体实践活动的空间范围。传统的邻里地域共同体中，人们比邻而居，并且有具体的空间和场所供社会成员之间交流交往。现代社区一个重要的特征是高密度化，用于开展公共活动的物理空间遭到压缩，难以给社会成员的互动提供足够的场所保证。因此，改造社区物理空间，搭建公共交往平台是社区地域共同体建设的基础。新建住宅和社区要预留出足够的公共场所和空间，老旧小区改造过程中要更注重公园、广场、活动室的建设。现有社区要想办法对现存空间进行扩充改造。有了物理空间这个公共实体，社会成员才有更好地融入社区的条件和可能。二是文化空间，即物理空间中活动的文化意义和价值。一个积极的社区文化氛围可以起到凝聚人心、激发参与积极性的作用。物理空间建设的目的是要在社会成员共同参与的过程中，团结社区居民情感、塑造共同的习惯、传承共同文化，以文化为纽带加强彼此之间的交流、认同和归属。三是社会空间。社区治理通过物理空间和文化氛围的营造，最终是要达到共同参与社区公共生活，协商、讨论并形成共识的目的。通过不断地参与，把个人利益和社区公共利益更加紧密地联系起来。

社区共同体建设还要重新构建人际交往关系。面对一个陌生化、私密化、异质性的个体化社会成员关系，人们之间的交往更多的是一种基于社会角色的交往，如物业与业主、商场与顾客、医生与病人等。这样的交往方式基于职业伦理，是一种无差别的交往，个人信息的重要性不高。每个人都是一个抽象的角色，不具有实质意义，因而不利于建立起彼此之间的熟悉和亲密关系。要重构熟人间的人际交往关系，社区一是要创造条件，开展更加丰富的社区活动，让人们在社区空间中能够形成重复性、累积性的交往和接触，进而让社区成员在高频次的共同参与中建立起熟人间的人际交往关系；二是针对个体化社会成员追求个性和独立的新场景，社区活动的开展要在血缘、地域之外，努力拓展学缘、业缘、食缘、趣缘等新的联结纽带，发现和培育社区成员的共同兴趣爱好，增加交流交融。只有努力打造好一个更有温度的社区共同体，个体才会有更大的意愿主动融入共同体中，重新加强与社会的联结。

三、精神共同体：新共同体的融入

"自我文化"是与中国社会个体化进程相伴随的现象。自我文化既是一种个体进行自我表现和建构自我的文化，也意味着个体独自面对社会时产生的焦虑和不安全感。这种焦虑和不安全感来自个体化社会中的各种风险和不确定性，更来自物质需求得到保障后对精神层面的需求。个体化解构了传统，这同时意味着既有人生轨迹的参照图式和角色扮演模式的崩溃。个体在满足生存需求之后，产生了对未来社会的焦虑和不安：不知道自己是谁、来自哪里、未来命运如何、哪种文化是自己的、应该效仿哪些英雄，融入精神共同体则是解决个体化社会中因自我文化导致的焦虑和不安的重要途径。

精神共同体是指具有共同的志趣、信仰和价值追求的人们为了满足主体心理、情感和意志等方面的需求而结合在一起形成的共同体，是超越以血缘和地域为基础的传统共同体的高级形式。人的生理、安全、归属等需要得到满足后，新的不满足和不安又将迅速发展起来，并且新的不满足和不安难以通过传统共同体的形式得到满足。正如哈拉维（Donna Haraway）所说："我厌倦了通过血缘或'家庭'关系形成的密切联系，我向往人类的团结和统一，我希望差异仅存在于友谊程度的深浅、工作性质的不同、共同目的的部分共享、难以应对的共同痛苦、无法避免的死亡和持久的希望上。"① 融入精神共同体则是解决这些问题的有效途径。相比传统共同体，精神共同体具有志趣性、脱域性和超越性三个基本特征。志趣性是指共同体是个体为实现自己内在的精神追求，围绕共同的志趣而结合在一起，不以物质利益的实现为诉求。脱域性是指精神共同体中成员的人际交往与关系从他们所处的特殊的地域情景中脱离出来，共同体成员之间不受地理距离、身份和文化背景的限制，人们只为着共同的价值追求和兴趣爱好而结合在一起。超越性是指随着知识的增加、阅历的丰富和价值观念的成熟，个体身上具有的不断否定、发展和自我超越的特性，精神共同体也因个体的超越而不断解体与重新组合。

关于精神共同体的思想最早可追溯到柏拉图关于理想国的乌托邦构想。柏拉图认为"只有在某种必然性碰巧迫使当前被称为无用的那些极少数的未腐败的哲学家，出来主管城邦（无论他们出于自愿与否），并使得公民服从他们管理时，……无论城市、国家还是个人才能达到完善"②。因为只有哲学

---

① ［加］戴安娜·布赖登、威廉·科尔曼主编：《反思共同体：多学科视角与全球语境》，严海波等译，社会科学文献出版社2011年版，第202页。

② ［古希腊］柏拉图：《理想国》，张竹明译，译林出版社2021年版，第190页。

家才能达到对国家理念的认识，实现高超的智慧、真实的知识、完美的德行与绝对权力的结合。亚里士多德则把城邦视为某一种类的社会团体，认为一切社会团体的建立，其目的是完成某种善业，这是从精神需求的角度对城邦的最早理解。马克思用"以各个人自由发展为一切人自由发展的条件的联合体"，从价值追求层面来描述共产主义。德国社会学家滕尼斯第一次明确提出了精神共同体的概念，"精神共同体意味着人们朝着一致的方向、在相同的意义上纯粹地相互影响、彼此协调。……构成一种真正属人的、最高级的共同体类型"①。在论证民族主义的起源与散布问题时，本尼迪克特·安德森从文化和心理需求的层面对精神共同体进行了论述，认为民族在本质上并非根植于种族和疆土，而是被想象出来的基于同一种语言、历史和文化的产物。"它是想象的，因为即使是最小的民族的成员，也不可能认识他们大多数的同胞，和他们相遇，或者甚至听说过他们，然而，他们相互联结的意象却活在每一位成员的心中。"②中国传统文化对"天人合一""无为而治""小国寡民"的追求，以及现当代对共产主义的追求，无不体现了个体对美好共同体精神的向往。

在个体化的社会中，"'生活中的个体，终生都要去解决各种系统矛盾'。风险和矛盾依然会被社会地生产出来，只有应对风险和矛盾的职责和必要性正在被个体化"③。个体化社会虽然带来了矛盾和风险，但同时带来的还有个体的自主与自由。精神共同体对准入的唯一限制条件是共同的志趣和对共同价值与信仰的追求。要更好地融入精神共同体，个体需要做的是自主和自由选择。

"我们怀念共同体是因为我们怀念安全感，安全感是幸福生活的至关重

---

① ［德］斐迪南·滕尼斯：《共同体与社会》，张巍卓译，商务印书馆 2019 年版，第 87 页。
② ［美］本尼迪克特·安德森：《想象的共同体：民族主义的起源于散布》（增订版），吴叡人译，上海人民出版社 2011 年版，第 6 页。
③ ［德］乌尔里希·贝克、伊丽莎白·贝克－格恩斯海姆：《个体化》，李荣山、范譞、张惠强译，北京大学出版社 2011 年版，第 24 页。

要的品质，但我们栖息的这个世界，几乎不可能提供这种安全感，甚至更不愿意做出承诺。……不安全感影响到我们每个人，因为我们都陷入了一个取消控制、灵活多变、充满竞争和普遍存在着不确定性的流动的、不可预料的世界。"① 在一个充满风险和不确定性的个体化社会中，无论是回归以血缘和地域为纽带的传统共同体，还是融入新的精神共同体，都是个体抵御风险求得安全感与确定性的策略选择。

---

① ［英］齐格蒙特·鲍曼：《共同体》，欧阳景根译，江苏人民出版社 2003 年版，第 179 页。

参 考 文 献

一、中文文献

［1］［法］爱弥尔·涂尔干：《涂尔干文集》（第 1 卷），渠敬东译，商务印书馆 2020 年版。

［2］［英］安东尼·吉登斯：《第三条道路——社会民主主义的复兴》，郑戈译，北京大学出版社 2000 年版。

［3］［英］安东尼·吉登斯：《现代性的后果》，田禾译，译林出版社 1990 年版。

［4］［英］安东尼·吉登斯：《现代性与自我认同：晚期现代中的自我与社会》，夏璐译，中国人民大学出版社 2016 年版。

［5］［美］安东尼·唐斯：《官僚制内幕》，郭小聪等译，中国人民大学出版社 2017 年版。

［6］安伦：《理性信仰之道：人类宗教共同体》，学林出版社 2009 年版。

［7］［美］B. 盖伊·彼得斯：《政治科学中的制度理论：新制度主义（第三版)》，王向民、段红伟译，上海人民出版社 2016 年版。

［8］［英］保罗·霍普：《个人主义时代之共同体重建》，沈毅译，浙江大学出版社 2010 年版。

［9］［英］鲍勃·杰索普、漆燕：《治理的兴起及其失败的风险：以经济发展为例》，载《国际社会科学杂志（中文版)》2019 年第 3 期。

［10］［美］本尼迪克特·安德森：《想象的共同体》，吴叡人译，上海人民出版社 2003 年版。

［11］［澳］薄大伟、David Bray：《单位的前世今生：中国城市的社会空间与治理》，柴彦威等译，东南大学出版社 2014 年版。

［12］［美］加布里埃尔·A. 阿尔蒙德等：《公民文化——五个国家的政治态度和民主制度》，张明澍译，人民出版社 2014 年版。

［13］蔡益群：《社会治理的概念辨析及界定：国家治理、政府治理和社会治理的比较分析》，载《社会主义研究》2020 年第 3 期。

［14］［加］查尔斯·泰勒：《现代社会想象》，林曼红译，译林出版社 2014 年版。

［15］［加］查尔斯·泰勒：《现代性之隐忧》，程炼译，中央编译出版社 2001 年版。

［16］陈来：《社会信用体系建设：内涵、模式与路径选择》，载《中共中央党校学报》2011 年第 3 期。

［17］陈明明主编：《治理与制度创新》，上海人民出版社 2014 年版。

［18］陈熙：《家庭现代化理论与当代中国家庭：一个文献综述》，载《重庆社会科学》2014 年第 8 期。

［19］崔健：《消费主义的资本逻辑、意识形态属性及其批判》，载《马克思主义理论学科研究》2020 年第 4 期。

［20］邓国胜：《非营利组织评估》，社会科学文献出版社 2001 年版。

［21］邓正来：《国家与社会：中国市民社会研究》，中国法制出版社 2018 年版。

［22］窦竹君：《传统中国的基层社会治理机制》，中华书局 2021 年版。

［23］杜早华：《主体的张扬与退隐：现代文化场域中的消费主义研究》，江西人民出版社 2014 年版。

［24］［美］凡勃伦：《有闲阶级论》，蔡受百译，商务印书馆 2019 年版。

［25］［美］范芝芬：《流动中国：迁移、国家和家庭》，邱幼云、黄河译，社会科学文献出版社 2013 年版。

［26］［德］斐迪南·滕尼斯：《共同体与社会》，张巍卓译，商务印书馆 2020 年版。

［27］费孝通：《乡土中国》，北京大学出版社 2012 年版。

［28］费孝通：《乡土中国生育制度》，北京大学出版社 2020 年版。

［29］费孝通：《乡土重建》，中信出版集团 2019 年版。

［30］冯建军：《公共人及其培育：公共领域的视角》，载《教育研究》2020 年第 6 期。

［31］冯莉：《当代中国社会的个体化趋势及其政治意义》，载《社会科学》2014 年第 12 期。

［32］［瑞典］纲纳尔·吉尔伯格、安·伯格曼：《职业生活中的个体化——以瑞典年轻人的工作和自反模式为例》，载《国际社会科学杂志（中文版）》2016 年第 1 期。·

［33］高亚春：《消费社会与马克思主义——波德里亚的符号消费理论》，载《教学与研究》2006 年第 1 期。

［34］［英］格里·斯托克：《作为理论的治理：五个论点》，华夏风译，载《国际社会科学杂志（中文版）》2019 年第 3 期。

［35］耿步健：《集体主义的嬗变与重构》，南京大学出版社 2012 年版。

［36］龚晓菊：《制度变迁与民营经济发展研究》，武汉大学出版社 2005 年版。

［37］郭东杰：《新中国 70 年：户籍制度变迁、人口流动与城乡一体化》，载《浙江社会科学》2019 年第 10 期。

［38］郭剑平等：《治理视野下社会组织的作用与法治化建设研究》，中国政法大学出版社 2019 年版。

［39］郭苏建主编：《转型中国的社会治理：理论、实践与制度创新》，上海

人民出版社 2021 年版。

［40］郭晔：《论中国式社会治理现代化》，载《治理研究》2022 年第 3 期。

［41］郭于华：《仪式与社会变迁》，社会科学文献出版社 2000 年版。

［42］［美］汉娜·阿伦特：《人的境况》，王寅丽译，上海人民出版社 2009 年版。

［43］何俊志等编译：《新制度主义政治学译文精选》，天津人民出版社 2007 年版。

［44］何俊志：《结构、历史与行为——历史制度主义的分析范式》，载《党史研究与教学》2014 年第 3 期。

［45］何俊志：《结构、历史与行为：历史制度主义对政治科学的重构》，复旦大学出版社 2004 年版。

［46］贺来：《"个体化"的反思与"社会团结"的可能性》，载《浙江社会科学》2021 年第 9 期。

［47］贺来：《"主体性"的当代哲学视域》，北京师范大学出版社 2013 年版。

［48］［挪］贺美德、鲁纳：《"自我中国"：现代中国社会中个体的崛起》，许烨芳等译，上海译文出版社 2011 年版。

［49］贺雪峰：《新乡土中国》，北京大学出版社 2013 年版。

［50］胡晓义：《新中国社会保障发展史》，中国劳动社会保障出版社 2019 年版。

［51］华伟：《单位制向社区制的回归——中国城市基层管理体制 50 年变迁》，载《战略与管理》2000 年第 1 期。

［52］黄晓春：《当代中国治理转型与社会组织发展》，社会科学文献出版社 2020 年版。

［53］黄晓渝、蒋永穆、任泰山：《中国社会组织演化：过程、动因及政策》，光明日报出版社 2021 年版。

［54］姜宁宁：《后工业化进程中社会组织角色研究》，经济管理出版社 2021

年版。

[55] 姜晓萍等：《中国城市社会治理》，中国人民大学出版社 2021 年版。

[56] 蒋红：《马克思市民社会理论研究》，云南人民出版社 2012 年版。

[57] 金观涛、刘青峰：《兴盛与危机：论中国社会超稳定结构》，法律出版社 2011 年版。

[58] [韩] 金煜信：《信息时代语境中公民社会的个体化——以韩国为例》，载《国际社会科学杂志（中文版)》2016 年第 1 期。

[59] 敬海新：《网络公共领域——公共领域的当代发育形态》，载《理论研究》2008 年第 2 期。

[60] 韩俊：《中国经济改革 30 年：农村经济卷》，重庆大学出版社 2008 年版。

[61] 韩克庆：《市场逻辑抑或国家责任：中国社会保障新论》，商务印书馆 2021 年版。

[62] 李春玲：《中国城镇社会流动》，社会科学文献出版社 1997 年版。

[63] 李春玲：《中国社会分层与流动研究 70 年》，载《社会学研究》2019 年第 6 期。

[64] 李海鸥：《马克思异化理论视域下的消费主义批判》，载《理论学刊》2013 年第 1 期。

[65] 李汉林：《中国单位社会：议论、思考与研究》，中国社会科学出版社 2014 年版。

[66] 李恒全、陈成文：《从个体化看中国社会治理基础的重建》，载《山东社会科学》2016 年第 7 期。

[67] 李辉：《反消费主义》，高等教育出版社 2016 年版。

[68] 李路路、李汉林：《中国的单位组织：资源、权力与交换》，生活书店出版有限公司 2019 年版。

[69] 李强主编：《中国社会变迁 30 年：1978—2008》，社会科学文献出版社

2008 年版。

[70] 李琴：《当代西方消费主义文化的唯物史观思考——消费问题研究的新视角》，载《学术界》2006 年第 2 期。

[71] 李树茁、王欢：《家庭变迁、家庭政策演进与中国家庭政策重构》，载《人口与经济》2016 年第 6 期。

[72] 李艳丰：《历史"去魅"与文化反思：大众消费时代文化与文学话语转型研究》，中国社会科学出版社 2013 年版。

[73] 李友梅：《当代中国社会建设的公共性困境及其超越》，载《中国社会科学》2012 年第 4 期。

[74] 李雨燕：《当代中国消费主义及其超越》，湘潭大学出版社 2021 年版。

[75] 李振京、张林山：《我国户籍制度改革问题研究》，山东人民出版社 2014 年版。

[76] 林浩：《中国户籍制度变迁：个人权利与社会控制》，社会科学文献出版社 2016 年版。

[77] 刘鹤丹、罗兴刚：《传统父子关系的论争与家庭伦理的当代重构》，载《苏州大学学报》（哲学社会科学版）2015 年第 4 期。

[78] 刘圣中：《历史制度主义》，上海人民出版社 2010 年版。

[79] 刘天宝：《中国城市的单位模式》，东南大学出版社 2017 年版。

[80] 鲁全：《中国的家庭结构变迁与家庭生育支持政策研究》，载《中共中央党校（国家行政学院）学报》2021 年第 5 期。

[81] 陆学艺主编：《当代中国社会流动》，社会科学文献出版社 2018 年版。

[82] 路风：《中国单位体制的起源和形成》，载《中国社会科学季刊》1993 年第 5 期。

[83] 吕青、赵向红：《家庭政策》，社会科学文献出版社 2012 年版。

[84] ［韩］罗尔夫·贝克尔、安德烈亚斯·哈贾尔：《"个体化"与阶级结构——个体生活何以仍受社会不平等影响》，载《国际社会科学杂志

（中文版）》2016 年第 1 期。

[85] 罗建平：《破解消费奴役：消费主义和西方消费社会的批判与超越》，社会科学文献出版社 2015 年版。

[86] ［英］洛克：《政府论》下篇，叶启芳、瞿继农译，商务印书馆 2016 年版。

[87] ［德］马克思·韦伯：《经济与社会》（第一卷），闫克文译，上海人民出版社 2019 年版。

[88] ［美］马泰·卡林内斯库：《现代性的五副面孔：现代主义、先锋派、颓废、媚俗艺术、后现代主义》，顾爱彬、李瑞华译，商务印书馆 2002 年版。

[89] 马雪松：《历史制度主义的发生路径、内在逻辑及意义评析》，载《社会科学战线》2022 年第 6 期。

[90] ［美］R. 麦克法夸尔、费正清编：《剑桥中华人民共和国史（上卷 革命的中国的兴起 1949—1965 年)》，谢亮声等译，中国社会科学出版社 1990 年版。

[91] ［美］R. 麦克法夸尔、费正清编：《剑桥中华人民共和国史（下卷 中国革命内部的革命 1966—1982 年)》，谢亮声等译，中国社会科学出版社 1990 年版。

[92] ［法］米歇尔·福柯：《规训与惩罚》，刘北成、杨远婴译，生活·读书·新知三联书店 2015 年版。

[93] ［德］诺贝特·埃利亚斯：《个体的社会》，翟三江、陆兴华译，译林出版社 2008 年版。

[94] 潘允康：《社会变迁中的家庭》，天津社会科学院出版社 2019 年版。

[95] 庞建刚、石琳娜：《创新共同体：从实体转向虚拟》，科学出版社 2018 年版。

[96] 彭希哲、胡湛：《当代中国家庭变迁与家庭政策重构》，载《中国社会

科学》2015 年第 12 期。

[97] ［英］齐格蒙特·鲍曼：《个体化社会》，范祥涛译，上海三联书店 2002 年版。

[98] ［英］齐格蒙特·鲍曼：《共同体》，欧阳景根译，江苏人民出版社 2003 年版。

[99] ［英］齐格蒙特·鲍曼：《流动的生活》，徐朝友译，江苏人民出版社 2012 年版。

[100] ［英］齐格蒙特·鲍曼：《流动的现代性》，欧阳景根译，上海三联书店 2000 年版。

[101] ［英］齐格蒙特·鲍曼：《后现代伦理学》，张成岗译，江苏人民出版社 2003 年版。

[102] 秦龙、赵永帅：《从马克思共同体到人类命运共同体：理论逻辑与实践图景》，辽宁人民出版社 2019 年版。

[103] 屈小博：《户籍制度改革的成本与收益研究》，中国社会科学出版社 2021 年版。

[104] ［法］让·鲍德里亚：《消费社会》，刘成富、全志钢译，南京大学出版社 2014 年版。

[105] 任剑涛：《社会的兴起：社会管理创新的核心问题》，新华出版社 2013 年版。

[106] 任远：《中国户籍制度改革：现实困境与机制重构》，载《南京社会科学》2016 年第 8 期。

[107] ［美］塞缪尔·P. 亨廷顿：《文明的冲突与世界秩序的重建（修订新版）》，周琪等译，新华出版社 2018 年版。

[108] 申晓娜：《后现代语境下消费主义的实质与批判》，载《理论观察》2021 年第 5 期。

[109] 沈奕斐：《谁在你家：中国"个体家庭"的选择》，上海三联书店

2019 年版。

[110] 施国庆、徐隽倬：《流动的中国：改革开放后的社会变迁》，载《人口与社会》2021 年第 1 期。

[111] 宋昌斌：《中国户籍制度史》，三秦出版社 2016 年版。

[112] 宋扬：《中国户籍制度的深入解析：现状、影响与改革路径》，中国人民大学出版社 2019 年版。

[113] 童星：《中国社会治理》，中国人民大学出版社 2018 年版。

[114] ［法］托克维尔：《旧制度与大革命》，陈玮译，中央编译出版社 2013 年版。

[115] ［法］托克维尔：《论美国的民主》，张晓明译，北京出版社 2007 年版。

[116] 王建民：《中国社会现代性与后现代性的矛盾共生》，载《社会科学评论》2007 年第 2 期。

[117] 王建民：《转型社会中的个体化与社会团结》，载《思想战线》2013 年第 3 期。

[118] 王清：《利益分化与制度变迁：当代中国户籍制度改革研究》，北京大学出版社 2012 年版。

[119] 王宁：《从节俭主义到消费主义转型的文化逻辑》，载《兰州大学学报（社会科学版）》2010 年第 3 期。

[120] 王思斌：《新中国 70 年国家治理格局下的社会治理和基层社会治理》，载《青海社会科学》2019 年第 6 期。

[121] 王小章：《"乡土中国"及其终结：费孝通"乡土中国"理论再认识》，载《山东社会科学》2015 年第 2 期。

[122] 魏红霞：《消费主义及其在中国传播的价值观影响研究》，安徽师范大学出版社 2016 年版。

[123] 文军：《个体化社会的来临与包容性社会政策的建构》，载《社会科学》2012 年第 1 期。

[124] ［德］乌尔里希·贝克等：《自反性现代化：现代社会秩序中的政治、传统与美学》，赵文书译，商务印书馆 2014 年版。

[125] ［德］乌尔里希·贝克：《风险社会》，何博闻译，译林出版社 1986 年版。

[126] ［德］乌尔里希·贝克、伊丽莎白·贝克－格恩斯海姆：《个体化》，李荣山、范譞、张惠强译，北京大学出版社 2011 年版。

[127] 吴新叶、赵挺主编：《大都市社会治理共同体的构建与深耕：来自上海的经验》，上海人民出版社 2020 年版。

[128] ［德］希瑟·霍夫梅斯泰：《生命历程的个体化》，载《国际社会科学杂志（中文版）》2016 年第 1 期。

[129] 解彩霞：《个体化：理论谱系及国家实践：兼论现代性进程中个体与社会关系的变迁》，载《青海社会科学》2018 年第 1 期。

[130] 解彩霞：《现代化·个体化·空壳化：一个当代中国西北村庄的社会变迁》，中国社会科学出版社 2017 年版。

[131] 夏建中：《中国城市社区治理结构研究》，中国人民大学出版社 2012 年版。

[132] 肖红军、秦在东：《精神共同体及其形成路径探析》，载《学术论坛》2011 年第 6 期。

[133] 熊易寒：《社区共同体何以可能：人格化社会交往的消失与重构》，载《南京社会科学》2019 年第 8 期。

[134] 徐安琪等：《转型期的中国家庭价值观研究》，上海社会科学院出版社 2013 年版。

[135] 徐扬杰：《中国家族制度史》，武汉大学出版社 2012 年版。

[136] 许斗斗：《马克思主义社会建设与社会治理研究》，天津人民出版社 2019 年版。

[137] 许叶萍、石秀印：《社会结构的散流化及其治理》，载《学海》2015

年第 1 期。

[138] ［美］闫云翔：《中国社会的个体化》，陆洋等译，上海译文出版社 2016 年版。

[139] ［美］阎云翔：《私人生活的变革：一个中国村庄的爱情、家庭与亲密关系（1949—1999）》，龚小夏译，上海人民出版社 2017 年版。

[140] ［美］阎云翔：《中国城市青年中的父母干预型离婚与个体化》，载《国际社会科学杂志（中文版）》2016 年第 1 期。

[141] 燕继荣：《社会变迁与社会治理：社会治理的理论解释》，载《北京大学学报（哲学社会科学版）》2017 年第 5 期。

[142] 杨光斌：《制度的形式与国家的兴衰：比较政治发展的理论与经验研究》，北京大学出版社 2005 年版。

[143] 杨君、方蕙：《结构、文化与场域：中国社会的个体化研究》，载《学习与实践》2019 年第 9 期。

[144] 杨君：《个体化的社会想象：乌尔里希·贝克思想中的生活、政治与道德》，社会科学文献出版社 2020 年版。

[145] 杨君：《回溯与批判：个体化理论的逻辑考察》，载《中南大学学报（社会科学版）》2020 年第 3 期。

[146] 杨魁、童雅丽：《消费主义——从现代到后现代》，中国社会科学出版社 2003 年版。

[147] 杨胜慧：《中国的家庭转变：趋势与影响因素》，中国人口出版社 2020 年版。

[148] 杨雪冬等：《风险社会与秩序重建》，社会科学文献出版社 2006 年版。

[149] 杨章文：《网络文化消费主义：现实表征、本质透视及诊治理路》，载《思想教育研究》2022 年第 1 期。

[150] 姚登权：《后现代文化与消费主义》，载《求索》2004 年第 1 期。

[151] 尹岩：《现代社会中"个体化"的哲学审视》，载《天津社会科学》

2020 年第 4 期。

[152] 俞可平主编：《治理与善治》，社会科学文献出版社 2000 年版。

[153] 郁建兴：《治理理论的现代性与后现代性》，载《浙江大学学报（人文社会科学版）》2003 年第 2 期。

[154] 袁刚：《户籍的性质、历史与我国户籍制度改革》，载《学习论坛》2008 年第 5 期。

[155] 臧雷振、潘雨晨：《中国社会治理体制变迁的轨迹、逻辑与动阻力机制——基于历史制度主义视角》，载《学习与探索》2021 年第 11 期。

[156] 曾宪才：《风险、个体化与亚政治：贝克风险社会理论视域下的社会状态与风险应对》，载《社会政策研究》2021 年第 3 期。

[157] 翟学伟：《从社会流动看中国信任结构的变迁》，载《探索与争鸣》2019 年第 6 期。

[158] ［美］詹姆斯·斯密特编：《启蒙运动与现代性：18 世纪与 20 世纪的对话》，徐向东、卢华萍译，上海人民出版社 2005 年版。

[159] 张广利、马子琪、赵云亭：《个体化视域下的家庭结构与家庭关系演化研究》，载《湖北社会科学》2018 年第 4 期。

[160] 张佳、王道勇：《从物的消费到符号消费——西方马克思主义消费社会理论的严谨及启示》，载《科学社会主义》2018 年第 6 期。

[161] 张康之等：《共同体的进化》，中国社会科学出版社 2012 年版。

[162] 张康之：《时代特征中的复杂性和不确定性》，载《学术界》2007 年第 1 期。

[163] 张丽华、鲍宗豪：《新时代社区共同体的构建及其实现路径》，载《江西社会科学》2020 年第 1 期。

[164] 张良：《乡村社会的个体化与公共性建构》，中国社会科学出版社 2017 年版。

[165] 张林：《新制度主义》，经济日报出版社 2006 年版。

[166] 张晒：《历史制度主义：从"制度回归"到"路径依赖"——兼论在中国政治学研究中的适用性》，载《理论月刊》2014 年第 3 期。

[167] 张顺：《70 年来中国阶层变化与社会流动机制变迁》，载《人民论坛》2019 年第 29 期。

[168] 赵宇峰：《社会互助：社会治理共同体建设的新驱动》，载《南京社会科学》2021 年第 12 期。

[169] 郑红娥：《社会转型与消费革命——中国城市消费观念的变迁》，北京大学出版社 2006 年版。

[170] 郑永年、黄彦杰：《中国的社会信任危机》，载《文化纵横》2011 年第 2 期。

[171] 周光霞：《城市集聚经济、户籍制度与农村劳动力流动》，经济科学出版社 2019 年版。

[172] 周海南：《基层社会治理创新探索》，江苏人民出版社 2020 年版。

[173] 周军：《官僚制控制体系的失灵与变革——通过任务型组织的建构寻求出路》，载《公共管理与政策评论》2015 年第 3 期。

二、英文文献

[1] Abbas, J., "World Risk Society and Constructing Cosmopolitan Realities: A Bourdieusian Critique of Risk Society", *Frontiers in Sociology*, 7 (2022).

[2] Andreas, C., "Class or Individual? A Test of the Nature of Risk Perceptions and the Individualization Thesis of Risk Society Theory", *Journal of Risk Research*, 10 (2007).

[3] Araujo, K., "Social Theory Anew: From Contesting Modernity to Revisiting Our Conceptual Toolbox—The Case of Individualization", *Current Sociology*, 69 (2020).

[4] Atanasov, P., "Processes of Individualization in the Presence of Strong Col-

lective Identities", *European Quarterly of Political Attitudes and Mentalities*, 5 (2016).

[5] Bauman, Z. , *Individualized Society*, Polity Press, 2000.

[6] Bauman, Z. , *Liquid Modernity*, Polity Press, 2000.

[7] Bauman, Z. , *Postmodern Ethics*, Blackwell Press, 1993.

[8] Beck, U. , Beck-Gernsheim E. , *Individualization*: *Institutionalized Individualism and Its Social and Political Consequences*, Sage Publications, 2002.

[9] Beck, U. , *Risk Society*: *Towards a New Modernity*, Sage Publications, 1992.

[10] Beck-Gernsheim, E. , *Reinventing the Family*: *In Search of New Lifestyles*, Polity Press, 2005.

[11] Benn, S. , "A Commentary on Decision-making and Organizational Legitimacy in the Risk Society", *Journal of Environmental Management*, 90 (2009).

[12] Boyd, W. , "Risk Society: Towards a New Modernity", *Economic Geography*, 69 (2016).

[13] Cable, S. , "The Risk Society Revisited: Social Theory and Governance, Contemporary Sociology", *A Journal of Reviews*, 46 (2017).

[14] Curran, D. , "Risk Society and Marxism: Beyond Simple Antagonism", *Journal of Classical Sociology*, 16 (2016).

[15] Daniel, C. , "One Globalisation or Many? Risk Society in the Age of the Anthropocene", *Journal of Sociology*, 57 (2021).

[16] Dawson, M. , *Late Modernity, Individualization and Socialism*: *An Associational Critique of Neoliberalism*, Palgrave Macmillan, 2013.

[17] Gai W – J. , "Out of Control World: Ulrich Beck's Risk Society Theory", *Journal of Social Science and Humanities*, 3 (2021).

［18］Ganja, A., "The Individualization of Party Politics: The Impact of Changing Internal Decision-Making Processes on Policy Development and Citizen Engagement", *British Journal of Politics & International Relations*, 17 (2015).

［19］Geurts, A., "Paradoxes of Individualization: Social Control and Social Conflict in Contemporary", *Journal of Management, Spirituality & Religion*, 14 (2017).

［20］Giddens, A., *Modernity and Self-identity, Self and Society in the Late Modern Age*, Polity Press, 1991.

［21］Giddens, A., *The Consequences of Modernity*, Polity Press, 1990.

［22］Giddens, A., *The Third Way and Its Critics*, Polity Press, 1992.

［23］Giddens, A., *The Transformation of Intimacy: Sexuality, Love and Eroticism in Modern Societies*, Polity Press, 1992.

［24］He, Y-L., "The Reordering of Relationship and the Shaping of a National Governance Structure in China", *Social Sciences in China*, 41 (2020).

［25］Hobbins, J., "Young Long-term Unemployed and the Individualization of Responsibility", *Nordic Journal of Working Life Studies*, 6 (2016).

［26］Howard, C., *Contested Individualization: Debates about Contemporary Personhood*, Palgrave Macmillan, 2007.

［27］Lecours, A., *New Institutionalism: Theory and Analysis*, University of Toronto Press, 2005.

［28］Mascini, P., Achterberg, P., Houtman, D., "Neoliberalism and Work-related Risks: Individual or Collective Responsibilization", *Journal of Risk Research*, 16 (2013).

［29］Mauricio, U. L., Jefferson J. M., "Rostow & Parsons: Progress, Individualization and Crisis", *Revista Colombiana De Sociologia*, 44 (2021).

［30］ Pegram, T. , "A Theory of Global Governance: Authority, Legitimacy, and Contestation", *Ethics & International Affairs*, 33 (2019).

［31］ Roth, A. , "Climate Change and Public Policies: an Approach from the Theory of Risk Society", *Prometeica*, 1 (2019).

［32］ Silvia, B. , "Politicization without Institutionalization: Relations between State and Regions in Crisis Governance", *Contemporary Italian Politics*, 14 (2022).

［33］ Walla, A. P. , "Global Government or Global Governance? Realism and Idealism in Kant's legal theory", *Journal of Global Ethics*, 13 (2017).

［34］ Wang, S-Q. , "Unbalanced Governance Theory: Origin, Content and Universality", *International Journal of Education and Teaching Research*, 2 (2021).

［35］ Yan, Y. , *The Individualization of Chinese Society*, Taylor and Francis, 2020.

［36］ Yan, Y-Q. , "Analysis of the Requirements of Modernization of China's Social Governance System", *Proceedings of 8th International Symposium on Social Science*, 3 (2022).